加拿大，理想与现实

陈苏云（加拿大） 著

DIXIE W PUBLISHING CORPORATION   U.S.A.

美国南方出版社

《加拿大，理想与现实》　　　陈苏云　著

封面设计：　庄倩

Canada, fantasy and reality ©2016 by Suyun Chen

Published by Dixie W Publishing Corporation
Montgomery, Alabama, U.S.A.
Website http://www.dixiewpublishing.com

本书由美国南方出版社出版

Printed in the United States of America
9 8 7 6 5 4 3 2 1
First Printing: July 2016
本书 2016 年 7 月在美国第一次印刷

Library of Congress Control Number:　2016950992
美国国会图书馆编目号码：　2016950992

ISBN-13: 978-1-68372-022-5
ISBN-10: 1-68372-022-9

作者简介：

　　"海外华文女作家协会"会员，"加拿大华人文学学会"委员。现任职于加拿大某学院图书馆。出版长篇小说《冰雨》和《寂静的声音》，发表 60 多篇文学作品，多篇作品获奖。现潜心创作第三本长篇小说《结》。

前言

　　当人降临于世时，便进入一个不完美的世界，但不少人喜欢追求完美，心怀寻居世外桃园的理想，并在"理想"的诱惑中顽强地活了下来，代代相承，生生不息。然而理想总是高傲而遥远，现实却是廉价而沉重，于是，理想与幻想之间的界限被现实渐渐地模糊成一道隐约的痕迹，一不留神便迷失在界限区域。不管天意让你降临于哪片土地，哪个人家，也不管你信仰上帝造人，还是相信生死轮回，当你开始思量改变命运时，移民他国便是一个思变的契机，是一条转折路径，也是勇气、决心和耐心的试炼。移民加拿大，是很多人的终极理想，也是很多人理想破灭之地。

　　近十几年来，随着网络科技的迅速发展，人们从网络世界获得加拿大的信息越来越快，越来越丰富，这些研究调查结果和数据分析后的结论，渐渐形成人们对数据的依赖，对媒体的依赖，患上"数据依赖症"，并通过"数据"结论把加拿大判断为理想国，并在追随理想中不能自拔，忽略了现实中的软信息：实际经历和经验，那些没登上资讯主流的信息。

　　如果说加拿大地大物博，没有人会有异议；如果说加拿大是一个福利社会，没有人会反对；如果说加拿大是天堂地狱共存，很多人会不同意。到底加拿大是不是天堂？是不是"大家拿"的全福利社会？是不是人们心中的理想王国？是不是资本主义社会中的"公产"主义国家？理想国中的现实是怎样一个世界？现实中的理想国又是怎样一个世界？在理想国世界中的现实生活里毁灭，还是在现实生活中为了理想而涅盘？这些疑问是人们决定改变命运，走向理想国的顾虑。

　　世界上不乏以实验室数据分析加拿大的专家，在此，我想以所见、所闻、所历和朋友们的切身体验，以尽量客观的态度描述真实加拿大，同时穿插一些必要的资料和故事，把所认识的加拿大介绍给读者朋友们，一个人们理想国里的现实世界，既不全是桃花源，也不全是世俗之所。

　　帮助读者朋友们了解数据和新闻以外的加拿大，了解理想国里的现实世界，让朋友们自己拨开重重迷雾，看清改变自己命运的路，扫除障碍，做好心理准备，这是我写这本书的唯一目的。理想和现实，是相容还是矛盾，你说了算！

目录

第一章 加拿大概况

　　说到加拿大，人们首先想到的是"地理，人口，语言，气候和福利"问题，因此，我先从概况说起，让读者在最短时间内对加拿大有初步概念。

1、地理和区域

　　加拿大处于北美洲，是世界上地理面积第二大国家，占地9,984,670 km2。南面和西北面接壤美国，三面临海：北临北冰洋，东临大西洋，西临太平洋。按行政划分为十个省份和三个地区：纽芬兰与拉布拉多省（Newfoundland and Labrador），爱德华王子岛省（Prince Edward Island），新斯科舍省（Nova Scotia），新布伦兹维克省（New Brunswick），魁北克省（Quebec），安大略省（Ontario），马尼托巴省（Manitoba），萨斯喀彻温省（Saskatchewan），阿尔伯特省（Alberta）和不列颠哥伦比亚省（British Columbia）；育空地区（Yukon），怒纳武特地区（Nunavut）和西北地区（Northwest Territories）。

　　这些省份和地区又归分为五个地带：

- 大西洋区省份：纽芬兰与拉布拉多，爱德华王子岛，新斯科舍和新布伦兹维克。
- 中央区省份：魁北克和安大略
- 草原省份：马尼托巴，萨斯喀彻温和阿尔伯特
- 西部省份：不列颠哥伦比亚
- 北部地区：育空，西北地区和努纳武特

2、人口概况

据加拿大国家统计局 2015 年 4 月发布的人口估计数字，加拿大人口约为 35,749,600。居住人口最多的省份为工业发达的安大略省，其次是魁北克省。由于就业和气候关系，南部和各大城市人口相对聚集，而北部寒冷地带的育空，西北地区和努纳武特，则人口稀疏。

由于加拿大是一个移民国家，除了原住民和欧洲裔以外，还有亚裔和非洲裔等其他国家移民和后裔，这些来自不同背景和族裔的人组成了加拿大特有的"马赛克文化"。据维基百科资料显示，加拿大目前各族裔占百分比如下："欧裔：76.7%，亚裔：14.2%，加拿大原住民：4.3%，非裔：2.9%，拉丁裔：1.2%，多民族：0.5%，其它：0.3%"（检索日期：2015 年 6 月 26 日）。

3、政治与政府

加拿大的政治体制为君主立宪下的议会制，现任君主为女皇伊丽莎白二世，总督代表女王行使特定权力。行政上真正掌握大部分实权和处理国家具体事务的是内阁（Cabinet of Canada）。内阁成员由当政的总理提名，总督委任，还有一些下议院议员组成，他们由总理带领，履行管理国家的职责。

下议院议员是选举产生，通常四年一次。2011 年的下议院选举中有五个政党被选入下议院，它们包括：加拿大保守黨（Conservative Party of Canada，執政黨）；加拿大自由黨（Liberal Party of Canada），加拿大新民主黨（New Democratic Party）；魁人政團（Bloc Quebois）；加拿大綠黨（Green Party of Canada）。

政府行政管理分三级：联邦政府，省政府和市政府。联邦政府负责国防、外交、银行、税务、工作保险、电话、铁路、法律和原住民土地与权益等等。省政府职责为教育，健康和交通法规等。市级政府职责与居民日常生活紧密相关，包括公共交通，停车，防火、图书馆、警察和当地土地管理等。

原住民又被称为第一民族，拥有自己的管理机构和体系，其职责和功能与前述的市级政府职能相似。

4、教育状况

加拿大人注重教育，国民平均教育程度居于世界高位。有的省小学到高中有省统考，有学期末考试，但没有升级考试，没有全国性质的高考。

孩子 4 岁（有的省为 5 岁）之前属于日托阶段。多数日托中心规模较小，经营模式也以私营为多，质量参差不齐。虽然政府有明文规定，但由于某些地方的管理部门管制不力，依旧会有不少无牌经营和训练无素的执业者，以致造成幼儿托管业的困扰，令幼儿托管成为某些区域的家长费心费钱之事。不少家长选择自己带孩子，又或让亲戚托管孩子，也有送到规模正规的幼稚园或家庭开设的日托中心。托儿所收费各异，少则每月几百元，多则上千元。

5 岁到 18 岁是强制入学年龄，也是义务教育阶段。学前班、小学和中学都设有公立和私立学校。加拿大教育事务由各省政府和地区主管，因此，每个省的教育投入、教育模式、教育标准不尽相同。公立学校从学前班到高中 12 年级是免费义务教学，原则是按所住区域就近入学。由于各省经济状况不同，投入教育的钱也不一样，因而学校也存在教学质量良莠不齐和筹款赞助问题，有的省份会出现教师罢工现象。私立学校则因学校具体情况而决定招生细节、教育模式和学费等。比如有些教会学校对报读生的宗教信仰背景有要求，有的普通私立学校会要求学生考试入学，有的则是在学位允许的情况下，交钱入学。

专上学院和大学也有公立和私立，有综合性学校，也有专科学校。据不完全统计，加拿大各省市约有 100 间正规大学，其授予学位和设立科目不尽相同。其中麦吉尔大学，多伦多大学和不列颠哥伦比亚大学较为著名，位于国际大学排前 100 名之列。高等院校基本上分为教授学术理论课程、颁发学位的大学（university），颁发大专文凭的社区职业技能培训学院（community college and technical institute），既颁发大学学位又颁发文凭的双重教育特性的大学学院（university college），还有一种是短期职业培训或转学分培训学院（career college），有少部分属于公立的，由政府资助，但大部分这类短期培训学院属于私立的。

5、文化生活

加拿大官方语言为英语和法语，被称为国民运动的是冰球，有自成一体的自然派画家，有著名音乐家和原住民艺术。但加拿大是多元民族国家，拥有独特的马赛克文化，且这种独特的多元文化受到宪法保护和各族裔的拥爱。除了传统的西方文化和原住居民文化以外，各地方民众会有名目众多的多元文化庆典或聚会，丰富了民众文化生活。

此外，政府也投入不少资金，建立图书馆、博物馆，文化馆和剧院等。媒体言论比较自由，电台、网站和报纸等具备新闻自由与独立特性。报纸杂志种类丰富，从国家著名报刊到省著名报刊，还有不少地方免费报纸，某些少数族裔聚居地会有其原国家文字的报纸。

至于节假日，除了法定的国家公共节日外，每个省有各自设定的节日和民间庆祝节日。国家公共假期包括新年（New Year's Day），复活节（Good Friday），国庆节（Canada Day），劳动节（Labour Day）和圣诞节（Christmas Day）。各省的公众假期不尽相同，如每年二月第三个周一的家庭日只是阿尔伯特省，萨斯喀彻温和安大略省的公共节日，而同样名为家庭日在不列颠省却是在每年二月的第二个周一。有的节日只有一个地区和省份设立，比如"努纳武特日"只有在努纳武特区设立的节日。至于民间庆祝的节日，更是名目繁多。既有与宗教关联的节日，如"感恩节"，也有普天同乐的非法定节日，如"民族节"；既有传统的节日，如"万圣节"，又有新衍生的节日，如"美食节"，有些农业区域会有丰收节等等。

6、经济与就业

虽然加拿大近年经济不景气，房价和物价大幅度上涨，民众生活水平下降，但依然属于富有国家之一，其产业包括服务业，自然资源和制造业。服务业是主要行业，约四分三加拿大人从事医疗，教育，交通运输和建筑等服务行业。自然资源产业方面，农业、木材和石油是加拿大重要产业。加拿大制造业在也是举足轻重的产业，是美国最大的贸易伙伴。由于气候和天然地理环境因素，农业、矿业、林业和制造业在各省占比例差别很大，因而各省的经济状况区别很大，就业状况也随着各省经济状况而变化。

据加拿大统计局 2015 年 5 月发布的官方资料显示，目前加拿大平均失业率为 6.8%。由于近年经济衰退，退休年龄推迟和新退休法案导致年轻人失业率大幅度上升，据媒体报导，华裔青年失业率达 23%。因此，不少年轻人大学毕业后从事低薪、与专业无关，甚至无薪工作，短时间内难以经济独立，更别说买房置业。

7、医疗卫生

加拿大实行全民医疗保险，有的省份居民不需要交保险费，有的省份则根据家庭收入而交纳医疗保险费用。如阿尔伯特省居民不需要交医疗保险费。安大略省居民基本医疗保险费根据收入而定，个人税前年收入不超过 2 万，不需要交医疗保险，而超过 2 万者，则需交 60 元/月（单身），个人年收入 20 万以上，则需交 900 元/月。不列颠哥伦比亚省与安大列省又不一样，个人税前年收入少于 2 万 2 千者，不需要交基本医疗保险，朝过 2 万 2 千，则需交 12.8 元/月（单身），两人则需交 23.2 元/月，三人家庭交 25.6 元/月，然后按收入状况递增，超过 3 万的则需交 72 元/月（单身）。除了基本医疗保险，个人和工作单位可以购买延伸医疗保险，其费用根据保险项目和收入而定。

在加拿大看病，非私立诊所基本分为需要预约的家庭医生和不需要预约的非家庭医生诊所。非急诊病则与家庭医生预约、排期。由于医生紧缺，病人需等候时间比较长，幸运的病人可以当天填补临时取消预约的位置，一般来说普通病症预约期为一个星期到三个星期不等，因医生所预约病人数目而定。如果病情需要由专科医生会诊和进一步治疗，则需要提前预约，而等候时间据病情和等待排期的病人数而定，一般都需要一个月到三个月不等。至于手术，也是看病情和手术排期，预约等候期三个月到一年是常有的事。如果临时约不到家庭医生，或没有固定家庭医生的病人，可以到普通诊所（Walk-in Clinic），不需要预约，而等候时间则看当时就诊人数而定。与家庭医生诊所不同的是，这类诊所的医生不固定，每次就诊或许都不是同一个医生，但诊所会有病历记录。直接到急诊室看急诊，得先经过急诊室接待员初步鉴别疾病轻重，然后等待医生检查，而等候时间长短，则看病情、当时就诊病人数目和医生的时间而定，快则两个小时，慢则 2-12 个小时不等。

加拿大公共卫生部门的使命是保护国民健康，建立健康的社会环境。其职责包括慢性疾病控制，环境卫生，卫生宣传，免疫注射，传染病控制，卫生教育与研究，食物安全和流行病控制等等。公共卫生部门在各大小城市设立办公服务点，作为疾病预防，疫苗注射，健康宣教和防疫统计等，是公共卫生领域的前哨。普通的预防注射，比如流感疫苗等，则可以在家庭医生诊所注射，也可以在各大药房注射，合乎资格的医生和药剂师都有权为病人注射，不一定要到公共卫生部门注射。

8、宗教信仰

加拿大宪法保障宗教自由，尊重多元文化。受早期欧洲移民影响，加拿大虽然没有国教，但欧洲移民携带基督教而来，并传播给原住居民，因而，基督教成为人数最多的宗教，基督教堂遍布各城市社区，甚至偏远乡村。我曾居住于加拿大北部的一个六万多人口的小镇，镇里有 20 多个基督教派系的教堂，有的教堂已经买了地，准备植新教堂。随着其它族裔移民进入加拿大，宗教种类也随之增加，在多元文化的基础上发展成多宗教国家。据加拿大百科全书网介绍：1971 年人口普查结果表明 90%为有信仰，信徒中绝大部分为基督徒（包括各基督教派），自认为无宗教信仰的人有 5%。2011 年人口普查结果表明，67.3%为基督教徒，8.8%为印度教、锡克教、佛教和伊斯兰教等，表明没有宗教信仰的人为 23.9%，与 1971 年普查时相比，无宗教信仰人士大幅度增加。

9、原住居民

说到加拿大，不能不提及原住居民（原称印第安人）。加拿大原住居民（Aboriginal peoples）包括第一民族（First Nation），梅蒂斯（Metis）和因纽特人（Inuit）。据 2011 年人口普查资料表明，原住民占加拿大人口 4.3%，远远少于欧裔和亚裔。原住民包含多种不同部落和母语，分布于加拿大各个地区，同部落聚居生活于专属保留地，又或远离家乡，到城市谋生，只留下部分人继续守候原居地。

原住民在加拿大的地位既受尊重，又被忽略。在政治上和理论上，他们的地位和福利高，但日常生活和实际地位之状况并不乐观。原住民个人生活存有许多困扰，外有政策和社会问题困扰，内有家庭和经济问题困扰。1996 年后，加拿大设立国家正式庆祝的原住民节为每年 6 月 21 日，他们会选择自然精神浓郁处聚集，唱歌跳舞，庆祝自己的节日。

在加拿大北部居住期间，我曾与一些原住民闲聊，得知他们过往的生活片断和历史故事，也略知他们现在的生活状况，很感慨。

10、气候概略

提及加拿大气候，或许很多人想到的词汇是"寒冷"和"冰天雪地"。其实不然，加拿大土地辽阔，东西连接大西洋和太平洋，南北连接北冰洋和美洲大陆，其独特的地理环境位置行就了气候环境的多样性，即便在同一季节、同一时刻，在不同地点的气候环境差别很大。然而，无论各区域的天气环境如何不同，每处都有其春夏秋冬四季变化，都有其或阴郁或亮丽的时刻，有其独特迷人惊艳之处，只是时间长短和景色不尽相同而已。

西北海岸不列颠哥伦比亚省南部连接太平洋，且中南部区域有落矶山脉阻挡，因而地理位置得天独厚，春天水分充裕，夏天干燥稍热，秋天清风凉爽，冬天温暖宜人，年降雪量少，适合花卉和水果生长。在中部草原三省和不列颠省北部，冬天寒冷，夏天温暖，春雪丰富，夏天降雨量少，适合农作物生长，是加拿大农业重镇，也是粮食和菜花油产地。安大略五大湖临近地区则又是另一翻情景，其冬天寒冷，春季短暂，夏天闷热，降雪量和降雨量大，也适合某些需要充足水分的农作物生长。东边大西洋沿海地区天气变化很大，降雪量也很大，是渔业生产重镇。北部地区也有其春夏秋冬，只是其季节分辨已不是常人印象中的季节，有的地区即便夏天最高气温时也还是在摄氏 0 度以下，幸好有的地区矿业和石油资源丰富，成为其主要产业。

寒冷的冬天除了给加拿大带来闻名的"冰川雪原"，还给人们带来独特的冬天气象和词汇，现简略介绍与冬天气候有关的词汇：

• 暴风雪（blizzard）：暴雪在狂风中降落，降低可视度，气温通常在摄氏-10 度以下。

• 冰暴（ice storm）：冰雨覆盖路面、电线和树等，气温通常在摄氏 0 度左右。

•寒流（cold snap）：气温在 18 小时内突然降低 25 度或更多。

•暖流（chinook）：冬天从在落矶山脉吹来的温暖干燥西风，所到之处（草原三省）在 15 分钟内气温提升到 20 度以上的特有现象。"chinook"是原住居民语发音，加拿大居民沿用下来。

• 雪胎（snow-tire）：特别为冬天冰雪路设计的汽车轮胎，车胎纹理设计特别，以防车在冬天冰雪路面行驶时打滑。

• 橡胶鞋（galoshes）：一种专为冬天设计的橡胶鞋套，套在皮鞋上，以保护皮鞋不受雪和化雪盐损坏，同时可以防滑，现由于人们多在寒冷的冬季开车和坐公车，现已经很少见到有人穿着它们在路上行走了。

第二章　生活篇

1、脚踏新地

1998 年 6 月 30 日，我们全家带着三件行李箱和三个背囊，从香港飞往卡尔加里。当我们从机场出来，来不及看一眼天空，便稀里糊涂地钻进朋友的车，昏昏呼呼地来到朋友预订的旅店。

第二天，我们搬进朋友预租的一房一厅公寓。三个箱子的物品让 60 平米的公寓显得空旷，幸好厨房有冰箱、炉子和橱柜，还有点儿住家的味道。由于出国前住在大学职工宿舍，没见过这样的开放式厨房，所以主管一家大小饮食的我，顿时来了精神，原有的时差与疲劳奇迹般地烟消云散。我撇开行礼箱，径直走到厨房，东摸摸，西看看。如此干净的厨房于我来说是极大的诱惑，一种死心踏地做"煮饭婆"的念头呈现，真想立刻卷起袖子煮饭。可是当我回头看看空荡的房间，想着行礼箱内无一件厨具，觉得自己失职，心虚起来，只好建议先去购物。

由于当时出国准备匆忙，加上对加拿大不了解，所准备的东西不足以对付日常生活，于是，我们决定从"基本建设"开始，一件件东西添置。那些年国内知识分子收入不高，我们揣着有限的储蓄，小心谨慎地掰着用。当朋友送我们一张旧餐桌和一套沙发，终于觉得这公寓像个家了，于是，我开始出入于商店，购买食物和餐具，履行"煮饭婆"职责，卷袖研究烹调。

然而，在异国做一个"煮饭婆"也不容易，首先得买食材和工具。当时还不知道卡尔加里有个唐人街，到西人店里买来平底锅，买不到小白菜，只好将就着平底锅，煮西芹，炒牛肉，煲红萝卜，边煮边念叨着"家规"："不能油炸，不能起锅，不能煎，不能炒……"天天吃着单调的菜，一个月后，家人开始抱怨，令我做"煮饭婆"信心有所动摇，对自己原本并不出色的烹调技术开始怀疑。渐渐地，我对着空荡的公寓发呆，对着干净的厨房发愁，对买菜时的英文牌子更是茫然。

我们这代人被文革期间的劳动耽误了上课，中小学基础课除了数理化，几乎没学到什么，更别提学英文。原本想着陪丈夫在加拿大工作两年便回国，所以出国前和出国后都没有动力学英文，只想"混"两年就回去。即便是日常生活也不允许"混"，可当时是陪伴旅工作身份，不符合资格去报读政府免费英文补习班。学也不成，混也不行，面对英文，进退两难。

一天，当我无所事事地坐轻铁到市中心，像孤魂一样游走于大街小巷，想着不着边际的事。看着满眼不懂的英文，我很沮丧，不知道那是什么地方，不知道那些是什么商店，更不知道英文写着什么。走着走着，我忽然看到了中文招牌和涂着红色油漆的建筑，心里一阵狂喜：终于看得懂招牌了！我加快脚步，往那写着中文的商店走去，不知不觉进入唐人街。虽然这唐人街比起广州任何一条街都显得不起眼，然而，在满目英文的陌生国家，在被西芹和红萝卜"折磨"的日子里，这小小唐人街在我眼里却显得如此伟大。我不管它是否伟大得可以载入史册，但起码它挽救了我们全家的食欲，丰富了餐桌，安抚了我思乡之心，为此，我把唐人街载入个人"史册"，感恩于创立唐人街的修铁路工后裔和香港移民。我重新振作起来，开始研究厨艺，正式踏进"煮饭生涯"。后来学会做面包、粽子、腊肠和果干，主持宴请 20 多客人的辉煌成绩，都是从发现唐人街开始，在加拿大厨房中练就的手艺。

落地加拿大，便是我根离故土，开始漂泊时刻。在我 18 岁时，母亲找人给我算命，说我要漂泊人生，远走他乡，当时的我处于叛逆时期，无所畏惧，也不信命运。18 年后，命运之神给我编排的剧目在异国上演，演绎出许多故事，让我尝遍酸甜苦辣，不得不在命运长河中挣扎，演绎出一段段漂泊的人生故事。

2、白色恐怖

在加拿大任何地方，如果以谈天气开始与陌生人对话，是最安全和恰当的"破冰"之语。尤其是在寒冷地区出现阳光日子，一句"今天是个好天气"，正能量便开始散发，听者会很愉快地接上话题。

加拿大的寒冷闻名于世，世界各地不少人,都以为加拿大除了温哥华和多伦多以外，其它地方都是漫天大雪，寒冷无比。有的美国孩子还以为加拿大人至今依旧住在冰屋，出门便是冰雪茫茫。撇开西部不列颠哥伦比亚省南部温哥华岛，加拿大其它省份地区冬天确实寒冷，但夏天也有各自的美丽和精彩。或许每个人都可以想象得出夏天的美丽，然而在冬天，当温度计在一路激降时，那数据已不只是让皮肤感受寒冷，而是让心里感觉寒冷，尤其是对来自温暖地带的移民，长达半年的雪盖大地情景无疑是噩梦。

　　初至加拿大头两年，我住在卡尔加里，夏天的美难以形容，蓝天白云，鸟唱蜂鸣，树茂花艳。夏天刚过，秋天初临，原居广东的我禁不住担忧，心怀恐慌去购置雪衣、雪裤和雪靴，严阵以待冬天来临。1998 年的冬天姗姗来迟。一天，当我们刚睡醒，一位刚认识的台湾朋友从城市北部打电话来："下雪了，赶紧出去看看！"我顾不上洗把脸，急忙叫醒女儿，拉着她奔出去。见地上铺满白面粉样的东西，知道那是传说中的雪。我与女儿都未曾见过雪，眼前轻而白的雪显得如此庄严和神圣，让我不敢轻易触碰。缓过神来后，女儿高兴地用手去捧，然后甩向天空。看着原本绿草覆盖之地一夜间变得白茫茫一片，我心生未曾有过的忧虑与迷乱，隐约中既有惊喜又有恐惧，互相交织纠缠。我真希望自己是孩子，不去思想，不去理会，只是与雪玩耍，与雪约会，在雪地里浪漫一会儿。卡尔加里冬天有独特的暖流现象（chinook），且出现次数不少，因而到加拿大的第一年冬天,我们并不觉得冷，对当地居民所描述的雪高过膝盖毫无概念。圣诞节地上的雪被暖流带走，我们平安渡过第一个冬天，享受了一个温暖的圣诞节。

　　第二年深冬，我们搬到渥太华。当时的渥太华给我印象并不好，商场外的停车场堆放如山包的积雪，路上雪水余泥混合后脏兮兮的街道，这混乱的情景与干燥的卡尔加里决然不同。我当时曾在唐人街打工一个月，亲身体会风雪交加的渥太华之夜，感慨良多，为后来写中篇小说《渥京城的故事》打下基础。十几年后的今天，除了冷得透心入骨的感觉，只记得国会山，农夫市场和郁金香花节，对渥太华其它事已经没有太多记忆。

　　对加拿大冬天真正认识和感悟，是居住于亚省北部阿萨巴斯卡小镇开始。小镇人口约 2 千，以农牧民为主，镇中心只有两条主道，一处交通灯，没有公共汽车，有几部的士。我们搬到小镇时是 10 月初，正是秋高气爽时节。刚到小镇当晚，在林间小道漫步，太阳依旧挂在西边，月亮便开始攀爬。清冷秋风把山杨树叶撩逗，发出沙沙声，像一首忧伤夜曲，顿时让我产生秋悲感。落寞清愁与新奇兴奋矛盾交织，绞得内心烦乱。一天傍晚，我心神不宁地走着，天空突然出现一片光亮，淡淡地蓝着一片天，似云似彩，又似一位清雅女子在天空中吟诗漫游。我驻足仰望，猜想："这是否就是书上所说的北极光？"或许是好奇心使然，又或许是注意力转移，初生的清愁骤然减轻。也正是这一撇淡蓝色北极光适时出现，驱除初萌的惧冬情绪，让我后来写的处女作短篇小说有了题目《蓝色的北极光》。

十月底，冬雪降临，铺天盖地而来，绵延不断，瞬间把小镇覆盖，大有"千里冰封，万里雪飘"的气概，后院原本不大的林子，却在风雪暴虐中让人感觉像是处于"林海雪原"。我们住在离镇中心不远的一个山坡上，连接小镇的路只有一段斜坡约为 30 度路，路顶端又是一个转弯和斜坡，如果在夏天，小房车开上去还不太费劲，人走上去却是费点力气的。可在冬天，这条路成了噩梦：路面冰雪混杂，在零下 30 度左右的气温下变得坚硬而滑溜，加上坡度大，让人寸步难行。普通的小房车在坡路底端爬不上坡，在坡路上端又担心失控滑下坡，因而，当地人常开小型卡车或四轮驱动的吉普车，以应对险恶路况。如果你看到一个娇柔的年轻姑娘，开着小型卡车呼啸而过，请别惊讶，生命比表面的优雅更重要。在不上班或不上课时，在大雪封路或冰雨天，我足不出户，窝在家里安心做"煮饭婆"。偶见马鹿到后院来访，留下雪地足迹，便是我意外惊喜和精神外游的奖赏。我喜欢这种意外带来的遐想，于是，在深冬不出门时，我会坐在面对后院的大玻璃门内，闲暇地阅读，时而观看后院的林子，等待觅食的动物出现。有时思绪漂游太远，手上的书却没翻几页。

当冰箱越见空落，温度越来越低，我渐渐沉不住气，考虑应该储存食物，以备食物货运车被冰雪阻挡而进不了小镇。当我们小心翼翼地把车开到镇里的超市，买食物与菜。零下 40 度天气，从超市到家才十几分钟，蔬菜便在进车前和离车后那几分钟时间被寒风冻坏。看着被冻坏的蔬菜，我深深体会到蔬菜的珍贵，感悟到世世代代生长在这片土地的原住民之艰辛，佩服初到这里淘金谋生者之勇气。在感慨的同时，又有隐约担忧，担忧运送食物的车被风雪阻挡，以致买不到食物。这担忧或许是冬天忧郁症的初始诱因，幸好那里的居民很友善，且很会自娱自乐，很快把我的注意力转移，没机会发展成为冬天忧郁情绪。

在寒冷地区大雪肆虐时节，大路和大城市有政府扫雪车清理。被清扫的雪堆在路旁，在寒冷气候下坚硬如墙，把道路侵占，路变得狭窄，车开过时得很小心。常见路上不少小车慢慢扭动着往前挪，一不小心便会发生交通事故，尤其是在大雪初至和冰雨时节，交通事故频发。我们也经历过冬天开车的困扰，也亲历过驾车失控的事件，可谓惊心动魄。

一天，见太阳高挂，我们没仔细查看天气便出门，计划从小镇去省城购物。还没离开小镇，我们的车便打滑失控，滑溜到路旁的沟里，幸好没翻车。走出车检查，从沟里往路面看去，发觉路面满是黑冰：一层薄薄的冰覆盖路面。路上难见车辆，我们无奈地坐在车内等待，按教车师傅所训：注意保暖，伺机求救。过了一会儿，一辆路过的卡车司机发现我们，便过来询问，然后用绳缆拉我们的车回到路上。交谈中得知司机是当地农民。他非常友好，临离开时不忘教我们冬天开车注意事项和经验，并祝我们好运。我们小心翼翼，慢慢开车，刚开出 300 米，上了一段小桥，车轮又开始打滑失控，超越中线，往对面车道桥栏边撞去，而后车头掉转 180 度，碰擦着桥栏，终于停了下来！惊魂未定的我赶紧谢天：幸好对面没车开来，幸好车撞桥栏的力不猛，否则后果不堪设想！我们决定慢慢开回自己车行道，就近找地方停下来，等政府洒盐车来处理路面。又是艰难 300 米，每一米都开得惊心动魄，终于找到一个可以暂时停车的小路口，那里已经有不少车在等候，经历与我们一样：幸运捡回来一条命！

这次事故以前，曾在卡尔加里家门外的十字路口见过两车因雪地路滑而相撞，当时虽没有死亡重伤，但撞车发出的响声和司机惊叫声依旧惊魂。后来经历过几次冬天"车事"以后，我们不敢再掉以轻心，更不敢在冬天无准备状态下出门。

经历过零下 40 度的日子，冬天已经成了一个概念，在数字带动下起伏，有如股市涨跌，成了深冬最关心的数字。当加拿大人提及的"白色恐怖"和"今天是个好天气"，除了会心一笑，还多了切身的体会和感悟。

3、冬天忧郁

我曾在中国大陆医院工作十几年。30 年前，虽然医学界也一定程度上关注病患者心理护理，但普遍对心理健康了解不深，对忧郁症认识不足，更别提"冬天忧郁症"这个名词。来加拿大后，常听到"冬天忧郁症"（Winter Depress），后来又听到范围更广的季节性忧郁症（Seasonal Affective Disorder：SAD）。当听到人们提起这些与季节有关的"忧郁症"，我唯一可以联想到国内对应的"症"

是"伤秋悲春"。在国内工作生活时我还年轻，工作稳定，丰衣足食，根本不知愁滋味，且住在温暖的广东，没有明显的季节变化，少有"忧郁"的感觉，认为"伤秋悲春"是文人墨客多愁善感的产物，与我们无关。加拿大严寒气候与挫折经历，让我在异国他乡猛迅成长，开始理解困扰加拿大人的"冬天忧郁症"和他们所说的"蓝调"心情。

在冬长夏短的寒冷区域，当秋风初袭，落叶始飘，人们的心便会揪紧，一种说不清的恐惧情绪会悄悄滋生、蔓延。即便是土生土长的原住居民，又或是移民，都忍不住开始关心起温度变化，开始关心驾车路况。随着气温渐渐下降，大雪飞扬，日短夜长，人们在添衣御寒的同时，冬季忧郁的幽灵却活跃起来。有防备经验或是性格阳光的人会想办法对抗冬天忧郁幽灵，把生活安排得或平静或丰富。有的人会选择冬季到墨西哥或温暖国家旅游，以截断寒冷所带来的负面情绪。城里人可以选择逛商场，在大商场散步，或看电影，冰球迷还可以选择抱着毯子和大衣去看室外冰球比赛。喜欢冬运的人则会无视冬天忧郁的存在，或是滑雪，或是溜冰，充分消费冬天，在雪中狂欢，玩得不亦乐乎。无条件出游的人则选择与亲友或举行家庭聚会，又或参加当地各部门组织的冰雪活动，以减少寒冬活动受限的寂寞感。

阿萨巴斯卡小镇的冬天，-20 度到-40 度是常有的事，幸好小镇居民很朴实、友好，加上不少居民世袭居住于在此，亲戚多，街坊熟，于是各种名堂的聚会很多，弥补了寒冬的不足。友好的居民会邀请我们参与他们的聚会，于是，每当有聚会邀请，我们兴高采烈地去参与聚会，带着自制的菜肴，开着车，在雪路上奔驰。有时，社区或教堂会在圣诞节期间举行免费大聚会，邀请住在镇上的人参加，即便原本不认识，人们也会天南海北地聊天，气氛温馨友好，这无疑给异乡人的我增添温暖。有时社区举行狗拉雪橇比赛，于是，冰封的河面成了赛场，人们穿着臃肿大衣，在河岸区狂欢。有的家庭干脆买特别日照灯定期照射，以期达到预防和治疗效果。

即便人们在顽强地与"冬天忧郁症"对抗，用理智缓解季节带来的影响，还是有不少人会不同程度患上由季节引发的忧郁或情绪低落，尤其是北部偏远寒冷地区和西岸低陆平原地区，阴雨季节长，昏阴的日子不少，即便是春天，也会引发季节忧郁。患冬天忧郁症的人会嗜睡，疲乏，情绪低落，有的人则有抑郁和躁郁双向症。这些病症后果轻则只是情绪低落，工作效率降低，重则会引发酗酒和家庭矛盾，幸好社会上与医学界能正视这一现象，以期透过各种方式帮助人们战胜"冬天忧郁症"幽灵的侵袭，做到有备无患。

修改此书期间，因工作关系，我搬到北部小城市。此城是我居住最北的地方，夏天很美，冬天未到，还不知道境况如何，以后再补充。

4、夏日狂欢

刚来加拿大时正是夏季，在傍晚时散步，是我们从国内带来的习惯。走在大学校园附近的居民区，看着各家各户院子花繁景美，听着淋草器发出有节奏的声音，吹着温暖而干爽的夏风，甚是暇逸。居民区很安静，偶尔有车缓缓经过，有鸟唱歌。或许是气温和景色宜人，散步到天黑也不觉得累。回程路上天已黑，见很多家庭灯火不明，甚觉好奇。后来，慢慢从当地人闲谈中了解到：夏天是美丽季节，人们享受生活，积极投身"夏天狂欢"。随后十几年的经历，我理解并适应这种珍惜夏天的模式，无论居住于何处，都会融入当地的夏天狂欢。

狂欢不只是人群聚集时的喧闹和情绪的宣泄，而是对自己生命的一种奖赏。不知道加拿大有多少人富裕得可定期去旅游，但每个人都有其自我奖赏的方式。城里人到郊区去露营扎寨，或住湖边木屋；乡下人来城里购物逛街，或看电影凑热闹。不少职员只要工作允许，都会把假期设在暑假，以便带孩子外出渡假，孩子们则趁机尽情游玩。那些没有带薪假期、又或是辛苦工作的低薪者，也会带着家小，在当地举行的夏季活动喜庆中休息一下，舒缓情绪，狂欢一轮。

不管是大城市还是小镇，夏季狂欢节目丰富多彩，各具特色。有大型免费或收费的饮食节、艺术节、音乐节和民族节；也有志趣相投者的音乐营、登山营、露营和自驾游；有以家庭为单位的休闲随意游等等。各省市级政府和社区更是看准时机，组织各种大型活动，既丰富民众生活，又吸引外地游客，增加营业收入，同时提升城市知名度。

在卡尔加里居住时，网络还没普及到家庭，加上出国前准备时间不足，对加拿大了解严重不足，我根本不知道卡尔加里有牛仔节，更不知道家附近那冰球场居然是 1988 年冬季奥林匹克赛区之一。我第一次参加卡尔加里牛仔节是 1999 年，可以说那是此生第一次参与类似的狂欢。一对刚认识不久的加拿大老夫妇在约定时间来接我和女儿。我们先到附近派发煎饼和香肠地点，吃完免费的传统牛仔早餐，然后到市中心去看游行。或许我们去得早，街上零散地坐着一些人，他们有的披裹着毯子，手端咖啡，在闲聊，有的陪着孩子在附近玩游戏。老夫妇停好车，从车尾箱取出椅子、毯子和水等物品，领着我们找到理想的看游行点。老太太安置好我们，叮嘱保暖之类的事，便带我女儿沿街售卖她们用奶油小杯子做的牛仔帽——卡尔加里象征。女儿兴奋的地销售自己做的手工制作品，我心平添一份温馨和新到异国的亲切感。老先生是第一代英格兰移民，老太太是苏格兰移民后代，他们对游行中出现的传统苏格兰和英格兰服饰和音乐兴奋不已，像孩子一样自豪地向我解释，那童趣盈溢的神情让我怀念至今。

我居住在爱得蒙顿（Edmonton）时间最长，而爱城之夏是西部民间音乐的世界。漫步于百年老街，萨克斯悠扬苍凉的旋律从酒吧内缓缓流出，飘荡于炎热的夜空，在城市闪烁的霓虹灯间穿梭。柔和的吉它与沉石般磁性歌声，穿越车流，与对街的青春激情语调共鸣，演奏成北美西部独特的都市街曲。著名的年度大型西部乡村音乐庆典的门票早已经在多月前售罄，人们依然在为求一票奔忙，而我却独爱一年一次的"小花音乐夏令营"，一个民间音乐爱好者的温馨相聚，一个对音乐赋予神圣敬仰的庆典，也是所有庆典中最觉诗意和记忆清晰的一次。

"小花音乐夏令营"的发起人原是 60 年代末、70 年代初遗留下来的几个嬉皮士。随着年龄增长，阅历加深，他们逐渐变得平和、谦卑，摒弃了年轻时的偏激、反政府和吸毒的形象，沉淀而得的是对音乐，对和平和对真爱的执着，同时他们也着重于培养新一代民间音乐人。随着时间推移，衍生出每周一小聚，每年一大聚的格局，聚会地点也不尽相同。2008 年的聚会地点在主持人郊外的别墅庄园，离城约 80 多公里的林间。

一场罕见的暴雨把城市刷洗，我与朋友驱车前往营地。车驶出城市的高楼，宽阔的蓝天便呈现于视野，乡村特有的草味伴着油菜花明黄色彩，透过开着的车窗缝隙，快速扑来，我闭上眼睛贪婪地闻着，想象着营友们在夏夜闻乐起舞的欢快。我的思绪如童话精灵，轻盈踩在油菜花上行走，飘飞。驶进营地，见已经有不少车停靠于林边，心感亲切。我依然是回到去年搭篷地点，唯一变化的是速度：很快便撑起帐篷。刚歇息一会儿，"邻居"便来问候，又见去年住在附近的大胡子"邻居"大维，自然一阵寒暄。他来自邻省，一个为音乐而忙的快乐人。

夏日的太阳西沉很慢，似乎不愿意把领空交给月亮。人们从四面八方陆续聚集到营地，第一晚，约有 20 多人报到。晚餐后，我们聚集到篝火旁，沐浴于艳丽的粉色夕阳之中，开始了第一场非正式的小型音乐会，围着篝火跳舞，唱歌。太阳终于西沉，月色当空，时钟偷偷走向凌晨，我们拖着疲惫的脚，携着轻快的心，各自回到帐篷，迅速入梦。

周六的清晨，阳光明媚。早起的习惯依然不因周末的悠闲而改变，我身着休闲服，脚踏蓝色贴花软拖鞋，闲散地行走于草地林间。我悄悄地行走，不忍惊醒依然酣睡的营友们。我淘气地用轻盈的脚，拨散晨雾遗留的水珠，贪婪地呼吸经过夜晚沉淀的清新空气。夏草长得茂盛，油油地渲染着土地赋予的宠爱；几种不知名的蘑菇在显眼处悄悄冒了出来，形成独特的个体，黄的，白的，褐的，占据草地与树林边缘小角；野玫瑰花已经谢去，偶尔有一两朵迟开的花，闪着惨白的粉色，孤独地挂在多刺的枝头，与青绿的玫瑰果为伴，而羞涩果儿如往年的前辈般，耐心等待时间染红躯体；沙莓刚开花，花心透着淡淡的雅紫，小心地点缀着清秀的枝桠，不张扬地在林间轻轻摇曳；山杨树与小鸟依然是晨曦中的主角，在风的指挥下，合奏出天籁之音，安抚我那疲惫烦躁的都市心。

一阵凄美优雅的苏格兰风笛从不远处飘来，周六的第一个令人轻松的音乐聚会拉开序幕："世界边缘"音乐会。人们或抱或扛着乐器从林间帐篷走出来，脸上挂着阳光笑容，集中到露营中心地，互相问候、闲聊，等待身着传统苏格兰装束的风笛手前来。中午 12 点 30 分，约 20 多人在风笛手与鼓手的引领下，排着队进入林间深处。顺着音乐拍子前行，呼吸着林间特有的潮湿空气，细细欣赏沿路植物与野花。偶尔脚下被青苔溜滑，偶尔险些踩到鹿粪，这短小的插曲，并不影响欢快的心情，我们继续前行。过了一个微型小桥，经过几道浅浅的小坡，步行了约十五分钟，我们来到一片小小的空旷地，地的周围依然是松树和山杨树，树上依然挂着被岁月和雨雪熏染的幼稚版画。我找了一片利于拍录像的位置坐下，仔细准备着，从心态到录像机。低音大提琴，吉它，瓶鼓，曼陀铃，班吉，还有主音歌手的磁性歌喉，合奏出深林交响曲，没有电器合成，没有都市般的狂欢，只有宁静的心与大自然通过纯净的音乐交流。风，在林中深处收起顽皮的心，静听低音大提琴发出的倾诉，如长久分别后再相遇的恋人，深情凝视；鸟，在树峰间停止了喧哗，妒忌地偷窥树下忘情的人们，猜测着凡人世界的奥妙。我们如同被旋律沐浴着的孩子，情不自禁地和着曲子，拍手，用歌声与大自然尽情拥抱，融为一体，让音乐在灵魂中自由起舞。

周六下午音乐会始于 2 点，此时，不断有新营友和年轻人乐队加入，舞台前的空地坐满了人，约有 60 多人，达到此聚会高峰人数，有个女士在音乐引导下如痴如醉，翩翩起舞。我平躺在舒适的凉椅上，用帽子遮盖脸部，处于半迷糊状态，任自己的思维在音符间自由行走，以文字、动画和音乐组成变幻的景象，用蒙太奇手法剪接，成为没有主题的诗意电影，完全放松地享受奇妙的音乐世界，任音符在画面中行云流水。也许是美妙的旋律引发我所有疲劳信号亮起，夕阳悬挂西空，我悄悄溜回帐篷，合上疲惫的眼，让身心在缭绕的音乐中安歇。不知道多少次醒来，音乐会依然在进行，只是风格和歌者在变化，这感觉很奇妙，让我的思维飘散到不现实的空间。午夜再醒来，听到音乐变了风格，年轻人占据了音乐舞台，每一首歌都充满激情，每一段旋律，都填满青春沸腾血液。这是一个无法用言语表明的感觉：本该是寂静涵盖深夜，但青春不许夜消沉。此时的我已经恢复了精力，静静躺在帐篷内，听着青春的歌，想着自己远去的时光。突然，帐篷顶部响起散落的滴答声，没有节奏，让我想起儿时常听的广东音乐"雨打芭蕉"。想到这音乐，想到芭蕉，已经平静的心顿生一丝波浪，勾起一轮乡愁，酸酸悠悠地在心的角落碰撞，令我无法睡去。热闹的周六音乐会终于在周日凌晨 1 点结束，人们各自回到营地，兴奋地讨论着，而后又三五成群，在各自帐篷前开起"私伙音乐会"：轻声吟唱，古典吉它曲伴奏。那优美委婉的吉它曲，浪漫地在帐篷间飘扬，在林间小道缭绕，宛如一对初恋的小情人漫步于海滩。这静谧夜中游走的吉它吟唱，又引发我对远去青春的回忆，加重我思乡的情愁。怎一个突然萌生的乡愁？在林间树下的帐篷，在美妙音乐缭绕的世界。

星期日的朝阳似乎比往日明耀，温暖。主持人尊重基督教习俗，在上午特设时间，让基督徒们以音乐进行崇拜。乐手们经过一夜休息，恢复了精力，谈笑风生，围坐在舞台前用三木架起的支架下，以一曲《奇异恩典》开始了虔诚的周日崇拜。我坐在不远处的林荫下，聆听动人深情吟唱，原本烦乱的心，被圣曲洗涤，平安沉凝，安宁通彻到心灵深处，如同一个以形体起舞的休止符。随后几年，我都很积极参加"小花音乐营"，直到我搬离爱得蒙顿市。

不管是卡尔加里遗产公园里的丰收节，渥太华的郁金香节，爱得蒙顿的民族节和音乐节，阿萨巴斯卡的街头艺人节，还是维多利亚的音乐节，温哥华的交响乐和美食节等等，每次参与夏日活动，我都很尽兴，融入夏日狂欢。十几年的切身感受，领略到夏日庆典的魅力，终于找到"民居黑灯瞎火"的答案。

5、多元文化

加拿大政府以马赛克文化自居，推行多元文化政策，并拨专款支助、建立多元文化组织和服务部门，有的大城市有多元文化电台和电视台，并设定每年六月 27 日为多元文化节，希望各民族间可以和平共处，互相包容，共同为国效力。然而在现实生活中，无论是多元文化面临的困境，还是种族间的矛盾，处处可见，尤其是在经济低迷时期。移民大量涌入于多伦多和温哥华等大城市，加上房价疯狂上长，令矛盾更显尖锐，矛头指向海外买家和投资移民。

在欧洲移民进入加拿大土地前，原住居民虽有不少部落和族裔，有自己不尽相同的文化，但相对来说，由于当时地域交通环境和文化交流所限，其原住民文化相对单一。欧洲人移入加拿大时，把西方基督教文化带了过来，近几十年，各国移民相继到来，很自然把各自文化背景元素带来，逐渐组合，形成马赛克文化，让加拿大成为闻名于世的马赛克文化重要领地。

虽说加拿大是马赛克文化之地，但毕竟是一种新的组合，因而每个新来者都会有不同程度的不适应现象，这种不适应被称为"文化休克"，只是每个人的休克点，休克强度和持续时间不同。有的人休克点是从饮食文化开始，有的人是从语言文字开始，有的人则是从社交文化开始等等。有的人很快适应，有的人几乎走不出低谷。

我的"休克"点在语言文字。初到加拿大，唯一懂的英文句子是小学时学的"Long live Chairman Mao"，其余的只剩"yes"和"no"。幸好那时买了文曲星电子字典，每当出门便带上字典，否则不知东南西北，更不知商店里的商品名字。由于初到加拿大时不是移民身分，国内也有好工作好生活等着，所以总带着一种"游客"心态，缺乏学习英文的动力，患得患失，必要时也只是查单词，应付日常买菜而已。饮食和社交不是我初始休克点，但随着时间流逝，我开始对精神愉悦有所要求，而当时仅有的几份当地香港移民出版的华人小报，其文所述方式却是遵循广东话发音习惯，让原籍广东的我读得稀里糊涂，觉得牵强无趣，加上找不到中文书阅读，令精神处于无书可读、闲寂无聊的真空状态，因而让"文化休克"乘虚而入，狠狠地踹了我一脚，疼痛入心。

初来加拿大第二个月，听说市中心图书馆有中文书籍，我心怀虚惶，独自踏入卡尔加里公共图书馆。当进入馆内主厅时，一阵心慌：除了入口和出口，拉门和推门，我看不懂馆内墙壁上任何英文字，更看不懂各柜台上标注的说明。我想找中文图书摆放处，可却不知道如何说，更不敢问。我愣站在那里，不知是进还是退，很迷茫。后来，我鼓起勇气，厚着脸皮，把从字典查到的字拼起来，不成句子地说出两个关键词：Chinese（中文），Book（书）。图书管理员像似懂非懂，犹豫了一阵，便叽哩咕噜地说了一通，我一个字都听不懂，更懵了。看到后面有不少排队等候的人，我不好意思再问，心怀沮丧，逐楼逐个书架寻找。这次尴尬经历震动内心，既让我的自信跌落深谷，也让我萌发决心：将来要读图书馆专业，以帮助有需要的人。

渡过基本的"文化休克"期后，面对的问题便是既要保持原有文化，又要面对和融入"多元文化"社会的现实。最能体现多元文化特点的地方便是服务于新移民的机构，这些机构往往是在移民高峰期建立和发展起来的，所以工作人员多是具有相关工作背景或教育背景的各族裔老移民，又或是有一定英文水平，具有工作热情的义工。这些具有不同文化背景的工作人员既是政府宣传多元文化的最好榜样，又是新移民过渡生活协助者，他们对加拿大的贡献不可忽略。

由于加拿大各省普遍退休年龄为 65 以上，很多福利好的机构和工作单位人员相对稳定，虽混合不同族裔，但多是移民时间较长，具有加拿大教育背景，又或是在加拿大出生或成长的市民，基本上是按原有的工作模式进行，又或是适应了当地工作文化，已经融合，所以多元文化色彩还不是太浓。而在服务行业，又或者是工厂，情况有所不一样。不少第一代移民由于语言或当地教育背景欠缺，只能到工厂，农场或超市工作，形成多元文化环境。

社区和生活方式是体现多元文化的主要地方。每个主要城市都有几个主要移民族裔相对集中的聚居地，有各自的活动中心，有各自风格的餐馆和杂货店。据统计，2012 年加拿大永久居民原籍国前四位为中国、菲律宾、印度和巴基斯坦，而这四位国家的移民中，最有影响力的要数中国移民和印度移民。

中国移民历史悠久，唐人街几乎遍布各大城市，虽然有的已经过了高峰发展期，有的规模不大，但随着近年大陆新移民和游客的加入，新老唐人街生意依旧繁荣，文化活动更加丰富，并朝现代化模式转变。在此，值得一提的是大温地区的列治文市。初到列治文，给人感觉像是走在香港或广东某个兴旺的现代小城，华人满街，华文和中餐随处可见。即便加拿大经济不景气，但列治文的繁荣与游客众多，堪称低迷中的逆反现象。当然，加拿大政府多元文化政策和宽容，在引来投资、繁荣经济的同时，也引来民族极端份子发出反华、反移民的呼声。另一方面，有的华裔也自视过高，狭隘民族思想过渡膨胀，无视当地倡导的多元文化，对内产生香港、大陆和台湾移民之间的矛盾，对外产生"有钱便任性"的浅薄行为，又或因民族自卑感引发的过激反应，这些行为与多元文化环境相冲突。不过，总体来说，华人移民还是比较守法，有不少移民也投入政界，更有不少早期移民或后代进入社会主流，为建立多元文化国家做贡献，获得嘉奖和尊重。

列治文因众多华裔聚居而被被喻为"海外小中国"，而大温地区的面积最大的素里市却因聚居了很多南亚人，因而被喻为"海外小印度"。虽然素里在外观发展上不及列治文，且罪案丛生，但因地域优势和市领导班子强壮，其前景发展被看好。素里的多元文化以南亚裔为主调，除了商业文化，其公共文化也不乏印度移民的元素，他们的传统节日也受当地市政府重视，作为城市主要旅游项目之一，以吸引人们来素里观光。

2015 年素里市印度裔举办"光明节"时刚好下雨，虽细雨迷朦，街上人头涌涌，寸步难行。街两旁设有帐篷，内有各色美食摊，且所有美食一概免费。衣着艳丽的印度女士三五成群，说说笑笑地吃美食，听音乐，而包头巾的印度男士们，有的与朋友结群，有的携带家小，如果不是看到街边加拿大模式的房子，还真让人误以为身处印度。我虽听不懂他们的语言，但却喜欢印度美食，即便是蜻蜓点水式地品尝，且谨慎挑选食物，从街头走到街尾，已是饱撑了，只能看着美食轻叹："明年再来！"2016 年我到温哥华缅街参与印度裔举办的"光明节"，除了听音乐看表演，我依旧喜欢品尝印度美食。据说这原本是印度锡克教的节日，后来逐渐发展成素里市特色庆典，所吸引的人数逐年增长，其中不少是其他族裔和游客。而庆典中提供给参与者吃喝的经费则由公司和富人们慷慨捐赠，这让我对他们的文化有了初步了解。

在体现多元文化的民族节中，我最喜欢参加爱得蒙顿市在威廉·豪瑞莱克公园（William Hawrelak Park）举办的民族节，这是一个集多民族文化于一体的欢庆时刻，是我心目中具有特殊意义的多元文化庆典。在爱得蒙顿居住期间，无论是烈日当头又或是刮风下雨，都阻挡不了我去参加这民族节，去领会和学习各族裔文化，寻找写作灵感，欣赏各具特色的歌舞、纪念品和美食。（关于爱蒙顿民族节，有些细节被用于第二本长篇小说《寂静的声音》。）

除了文化活动和庆典，图书馆是最能体现多元文化的场所。不管公共图书馆规模多大，常会有一些书架摆放英语以外的语言书籍或音像材料，其语种则看附近移民族裔人数而定，至于数目则视图书馆购买预算和书架预设空间而定。

有人问我加拿大与美国的最大不同是什么，我会说：美国是熔炉文化，加拿大是多元文化；美国会偶发民族间欺压，加拿大会偶发民族间互拒。多元文化是好是坏，执行结果是否如期所愿，全因个人视角和视野而定，但于移民国家来说，多元文化无疑是开始新生活的必要引桥，是恰当的多民族共存模式。

6、医疗速度

加拿大的医疗保险制度被世界各国赞赏，我在第一章"加拿大概述"中略提及一些，在此，我只想谈谈制度执行结果，同时穿插朋友们与我的亲身经历。如果想了解加拿大医疗具体细节，请查阅加拿大健康官网：http://www.hc-sc.gc.ca/。

小时候多病的我，见医生比见老师还多，出国前在医院工作十几年，可以说对十几年前的国内医院比较了解，对医生比较信赖。由于加拿大医生和护士严重短缺，造成医疗效率和速度很慢，这于习惯于中国医疗速度的我来说，无疑是难以忍受的，而对医生的依赖，在来加拿大半年后被打破。十几年下来，自己无奈演练成家庭和朋友圈的健康保健师。

1998 年圣诞节前，我感觉嗓子有点不舒服，于是便吃了些国内带来的中成药，可第二天，不但药没起作用，反而发起高烧，嗓子疼痛得吃不下东西说不出话。自己照镜子看喉咙，发现不但红肿，且有大片白色溃疡，于是急忙去找唐人街附近诊所医生看病，可恰好是圣诞前夕，诊所关门。因是第一次在加拿大看病，不知道要预约，不知道圣诞前夕诊所会关门，更不知道有其它方式求医。我忍着病痛，沮丧而归，期望家里的备用药起作用。不知道那次感染了什么病菌，家里一切原本可以对付我感冒和咽喉炎的药都不起作用，高烧不退，于是我只好用物理方法先降温，以静养来冒险拖延。好不容易过了圣诞节，我的病也有所缓解，于是我又去诊所看医生。因没预约，且是新来者，医生让我等着，看有没有预约者解约。等了两个小时，终于等到机会看医生。医生是香港口音，几句问话和检查喉咙后，开了三种药，然后吩咐我到楼下的药房买药，便打发我走了。匆匆忙忙被打发离开，心有不快，但依旧带着信任买药（忘了花多少钱）。带着三种药回家，对着字典逐字逐句查看药物名称和使用说明。其中一种为消炎药，另一种为退烧药，这两种药无可非议，但那满满一瓶用于止咳镇痛并会上瘾的"可待因"，让我吓出了一身冷汗：我一点儿都没有咳嗽，也没有头痛到需要止痛药的程度！幸好自己有医学知识，也有用药前翻书查询药物的习惯，否则这一瓶"可待因"吃下去后果如何，我真不知道。这是我在加拿大遇到的第一位医生，也是我平生第一次鄙视的医生，可悲的是竟然发生在加拿大。

此后，我再也不去看那位医生，据说不久后他因收入奇高，被医管部门稽查。一个月后，我从新认识的朋友处得知：当家庭诊所关门时，发高烧或急病可以尝试去医院看急诊。

说到在加拿大看急诊，更是无可奈何。来加拿大以后的十年间，我因某些病不得不到医院急诊室求诊，因而与所居住几个城市的急诊部门打了几次交道，同时观察其他病人，得出结论：如果不是病痛急到要救命，千万别往急症室跑，又或是别在晚上看急症，否则被搁在等候厅几个小时熬病痛是常有的事，不如在家躺着，或到非预约诊所就诊。

我第一次看急诊是在卡尔加里。某天夜晚 12 点，我因绞痛而处于半休克状态，被家人送到离家几条街之隔的大学医院急症室就诊。接待员和护士的态度非常友好，填写资料、测量血压、量体温、问病情，按步就班，然后让我到候诊大厅等医生。我在等候区忍耐着剧烈绞痛，一分一秒地熬着，那种痛让我对一切失去兴趣，只盼望医生到来。在疼痛中等待是一种折磨，然而我像被遗忘了似的，一次次痛昏，一次次醒来，好不容易等到医生来看我，已经是早上 6：30 分，我在急症室整整等了 6 个半小时！疲惫不堪的我以为等来救星，没想到医生对我做了一系列机器检查后，便给我一版 12 颗强力止痛药，也不给我一个结论，便打发我走了。当我拿着那一版止痛药半死不活地回到家，心里不禁对加拿大医疗系统和医生产生恐惧：滥用止痛药！几年后住在小镇，又是因剧烈绞痛叫了救护车，直接送我到亚省北部小镇医院。救护员和前台医护工作者的服务水平和态度一流，无可挑剔。当接待员完成记录和询问任务后，便是漫长等待。等了两个小时，疼痛消减了些，只见医生来到观察室，态度和蔼，匆匆看了我的病况后，便有一搭没一搭地与我家人聊起电脑和现代科技，我那时已经是被疼痛折磨了两个多小时，虚弱到连生气的力气都没有了，只能对加拿大急症室医疗速度绝望。

几年间，莫名的剧烈疼痛毫无预测地来袭，加上医生的低效率，让我情绪低落，当疼痛毫无预告地突袭，真有生不如死的感觉。后来，我经人介绍，去找一位小镇声誉比较好的医生。这医生确实很耐心听我述说病况，听罢，他并不给我开药，只是给我祈祷，以基督教模式祈祷。我不知道医生这样为病人祈祷是否合适，但当时我是完全不了解、也完全拒绝基督教，所以，我又失望地离开这位好脾气医生。然而不明原因的病还是在不定期折磨着我，渐渐地，我情绪更加低落。然而我不甘心：难道号称世界医疗体制优越的加拿大居然查不出我的病？！于是，我又找到一个韩国裔医生。不知道是前面那位医生祈祷的结果，还是这位韩裔医生医德高、水平高，他终于查出我的病症，并赶紧给我联系和预约做系列检查，同时建议我做手术。后来搬到爱得蒙顿后，遇到一位华裔移民后代女医生，她毕业于名校，是位认真且善解人意的医生。她仔细检查以后，认同韩国医生的诊断，并联系专科医生会诊，确定手术时间。不知道是那位基督徒医生祈祷的结果，还是自己终于遇上好医生，手术后，病痛根源解除，我的生活信心回归，人生又从新开始。不幸之大幸是在医疗速度奇慢的加拿大遇到那三位医德高尚的医生，是他们挽救了我。

至于后来我因外伤或因带女儿去看急诊，已心有准备，带着书去，耐心等，心想：等到没人看病时总该轮到我吧！我心态已经被磨炼得平和，无聊时，则在急诊等候室里观察别人。可怜那些骨折也要等几个小时的年轻人，还有那些死在急症室漫长等候的病人。

医疗保险包括基本检查项目和体检，检查项目由医生决定。普通生化检验和医疗设备检查部门与医院不是同一部门，地点分散于城市的各区，至于小镇和偏远地区，有些项目则要到大城市检查。生化检查结果会寄回家庭医生处或到网上个人生化检查帐户查询，有的结果要到家庭医生处查询，如果是普查，有些结果会寄到患者家里。有些化验检查站只查生化项目，不做其它检查，有的地方只做放射检查或机器检查，每个城市不尽相同。如果医生既开出生化检查，又开出 B 超或 X 光检查，假如地点都在同一处，则可计划、预约时间，只跑一个地方，如果检查项目不在同一处，病人得奔跑于不同地点去做检查。这种集中检查体系确实节约了医疗资源，且人力物力用到最大值，但却苦了病人，尤其是老弱病者，或是在寒冷的冬天奔忙的病人。

看专科医生得由家庭医生按病情需要而决定和预约。由于专科医生比家庭医生更缺乏，且不少专科医生要做手术或负责主管住院病人，因而门诊看病时间有限，所以，不少病人从预约到看病，往往要等几周或半年，有些甚至更久，根据医生的时间和患者病情而定。有些得了重病但短期内排不上专科就诊的富裕患者，他们可以选择私人医生或到国外自费就诊，以免因等候而耽误病情。如果专科医生检查并决定此患者需要做手术，便会给患者排期，预约做手术时间，从三个月到一年不等，根据医生、病人和医院三者情况综合因素决定。手术按情况分住院手术、日间观察手术和门诊手术，通常在医院或日间留医部手术室做。而手术医生则看情况，大手术一般由负责病例的专科医生亲自操刀，小手术有可能是专门做这类手术的专科医生操刀。由于医疗保险有具体规定，加上病床紧张，很多小手术当天离院，有的会观察 24 小时，有的则会住院几天或更久。我的一位朋友做皮肤良性瘤切除术，手术是在医院的日间手术室做，手术完毕便离院，前后不到一个小时；另一个朋友生孩子，半夜 11 点到医院，第二天早上 3 点钟生出孩子，下午便抱着孩子回家了；还有一位朋友做腹腔镜检查时全身麻醉，做完检查后醒来，护士叮嘱完注意事项，当天便离院；有位朋友做完肿瘤切除手术，十几厘米长的伤口，3 天后拆线出院。

　　至于看牙，则又是另外一个故事，请读后面所附文章《保险到牙齿》。牙医不属于基本保险，有的省份低收入家庭或买了延伸医疗计划者可有一定优惠。在大城市，牙医诊所普遍比家庭医生诊所多，设备更新快，工作人员和牙医态度非常好，且服务质量精良。他们除了会教给病人保护牙齿知识，还会定时打电话给顾客，提醒洗牙等。牙医诊所服务性质、经营模式与经商相似，但收费很高，比如，做两个门牙烤瓷收费为 2 千 4 百加元，如果有"蓝十字"等额外延伸医疗保险，也要交 50%以上。由于牙医就诊收费高，以至于很多低收入人士或没有额外延伸医疗保险的人士不敢去看牙医。

　　加拿大的基本医疗体系让人人有平等看病机会，医疗设备和人员使用率提高，然而也避免不了弊病丛生，让不少医德缺乏的医生有机可乘，也让不守法的居民钻免缴医疗保险的漏洞，更让老弱病残者疲惫于就诊等候的状态。据新闻报导，某省一位著名医生兼议员的父亲和一位无家可归的原住民死于不同医院的急诊候诊室，这是加拿大医疗系统低效丑闻，也是加拿大公平医疗体系的体现。

　　加拿大医疗体系是好是差，是对是错，由民众断定，但我个人观点并不完全认同这种医疗制度，尤其是急诊候诊速度。

　　7、饮食乐事

由于加拿大是移民国，建国历史不长，因而还没能像历史悠久的国家那样形成独特饮食体系，更别说具有代表性的饮食风格和佳肴，然而也正是这种移民国的多元化背景，形成加拿大饮食多元化，成就无独特饮食体系的新风格。走遍加拿大几个大城市，你可以轻而易举尝遍世界各地佳肴和美酒，这独特的饮食文化增添了当地民众和游客的口福。

由于政府实行严格的食物安全管制，不允许不合格食物上架和不诚实销售，对需加工烹煮类食品不收零售税，这些措施让民众安心购食材，自行煮食。近年通货膨胀，物价全面上涨，食品类物价大幅度上扬，但相比其它物品价格，食品还是相对便宜，加上从各国进口食品和副食品种类增加，因而居民依旧喜欢在家烹调，以节省开支。移民时间长和移民后代的家里，往往是混合烹调，一天内会烹饪几个国家的菜式上桌也很常见。

由于欧洲裔移民占多数，欧洲传统饮食被其后裔们承传。曾多次到几个不同族裔家庭作客，领略了各国风情和礼节，更享受了多国风味食物。第一次到乌克兰裔朋友家拜访，见有类似饺子的主食上桌，我很惊讶。原本以为只有中国人才会做饺子，没想到乌克兰人也做饺子。我尝一口，里面软软的，不知道如何形容，便好奇问主人。主人回答：这是普娄吉（perogies），里面包的陷是马铃薯泥、奶酪、碎烤烟肉等。还有一种特色食物叫椰菜卷，我不知道他们怎样烹调肉碎，但里面的牛肉碎和米饭混合起来，用水煮软椰菜，用软菜叶子卷包，既好看又好吃。曾几次到苏格兰和英格兰移民后裔家作客，多年后，对那次就餐多数食物已经忘得差不多，唯有留下印记的是烤火鸡和红莓酱，还有精美的银餐具。其实烤火鸡和红莓酱已经成了加拿大家庭圣诞和感恩节的主打菜肴，也可以说是烤火鸡成了加拿大传统菜了。

在加拿大美事节特点之一，便是可以尝到其它国家传统美食。不过，美食节也有良莠不齐，要小心分辨和判断。有的美食节（夜市）纯粹是以商业为目的，价格奇高，哗众取宠，食物味道只从利益出发，并不是纯正的民族美食，实在不敢恭维。在众多美食节和夏日庆点中，我最喜欢的是爱得蒙顿"民族节"里面的美食。组织者和工作人员多是义工，各国食物各具特色，味道也相对纯正。记得有一次在荷兰展馆美食摊前偶然尝试了面包夹小咸鱼，第一口吃下去便爱上了它，往后每年我都去荷兰馆排长队买咸鱼面包。

外出与朋友和家人就餐，享受悠闲，也是加拿大人的一种生活模式。在爱得蒙顿古老的"歪"街（Whyte）常是热闹非凡，各式风格的餐厅绵延整条街，有意大利餐馆，希腊餐馆、泰国餐馆、墨西哥餐馆、越南餐馆和马来西亚餐馆等，不管冬天夏天，美食家们喜欢在傍晚或周末集聚，不需要跨洋过海也可以品尝异国风味。

快餐连锁店和咖啡店几乎遍布加拿大，有的在乡村或原野路边，方便于开长途车和赶路上班的人就餐。快餐店的东西几乎千篇一律，即便商家图片拍得再好，广告做得多大，充其量也就是意大利薄饼、炸薯条、甜点心、汉堡和面包。它们能量太高，口味很难吸引我，除非处于饥不择食状态，且找不到其它餐馆，否则我只是进去买杯咖啡而已。

想要享受亚洲风味，温哥华是个不错的选择。温哥华中餐馆和日本寿司店到处可见，至于味道是否纯正，见仁见智。但不可否认，温哥华有加拿大最繁荣的中餐饮食业，也有竞争最激烈的饮食业，这一切除了早期香港移民开创现代中餐馆打下的基础和目前从业者兢兢业业的功劳，还有近年来中国大陆移民集居温哥华，消费力增强的结果。我没具体统计过加拿大中餐馆的数字，但随着游走的地方增多，发现只要有几千人居住的小地方，都会有中餐馆，老板有的是中国移民或移民后代，有的是亚洲其他国家的移民。小地方的中餐馆菜肴为了适应当地人口味，大部分完全变了模样，以油炸和混炒为主，吃在嘴里也不知道叫什么。有的中餐馆已经找不到中式菜肴的味道，被戏称为"杂碎"馆。虽然这些"杂碎馆"菜肴已经变味，但餐馆内的筷子还是地道的中式筷子，幸运饼还是会在就餐后被送上。

至于流行的聚餐形式——聚盘餐（Potluck），更能体现加拿大的多元文化之饮食文化。无论是公司圣诞聚餐，还是教堂聚餐，又或是家庭和朋友们聚餐，这种各自带一样食物参加，合在一起享用的模式深受欢迎，来宾既可以享受多样美食，聚会主办人也不需要花太多时间，独立奋战于厨房，大大减轻了繁琐事和压力，提高了主办人的食物和精神享受指数。与此同时，除了可以品尝不同风味的食物，每一道菜肴都成了聊天的破冰话题。

在众多聚餐中，我最喜欢的是曾经工作的社区学院学习中心圣诞聚餐。在那里工作期间，每到圣诞节前，学院各部门都有各自的聚餐模式，而我所在的图书馆与学习中心等部门处于同一层楼，人员众多，一起聚餐成了圣诞节放假前的传统节目。由于我是寥寥几个亚裔之一，且是唯一的中国移民，自然得带一些中国特色的食物。每次聚餐前，同事们都喜欢提前打听我带什么食物，如果是他们听说过的，比如春卷和饺子之类的，他们就会很高兴，如果是未曾听说过的菜肴，他们会很期待。我并不是一个烹饪高手，但参加过许多聚餐，也就慢慢练就一些烹饪聚盘菜的本领，知道什么菜最受欢迎，更知道尊重其他人，调节口味，改造或自创食谱。比如，我带的菜会考虑到聚餐人员中有没有海鲜或花生过敏者，有没有穆斯林信徒，有没有素食者，有没有怕辣者等等。有次单位聚餐，我带了肉馅饺子和素菜饺子，当看到我带的饺子被吃得干干净净，心里非常高兴。为了做素菜饺子，我是花费了一翻工夫，自己预先做了不少品种尝试，最后才选定一种配料方案，带着诚意做出特别给素食者的饺子。

饮食乐趣除了在吃，烹调也是一乐事。在温哥华和多伦多等大城市，随着移民人口增加，食才进口量激增，尤其是中国和印度食才，从酱料到干货，应有尽有，非常齐全，因而，现在要做一顿纯正的家乡菜，已不是难事。至于其它新鲜食才和半熟食才，也是经过卫生检验才上市，且价格合理，品种繁多，买回家烹饪也是一乐事。

欲了解加拿大饮食文化趣事，请阅读"发表文章"之《做客 请客 重在吃情》。

8、天堂地狱

加拿大是天堂，还是地狱，是理想生活居住地，还是现实困惑地，由于每个人的经历不同，又或是背景不同，因而产生不同的观点、感受和结论，难以一概而论。在此，我只能谈谈自己的看法和经历，谈谈媒体报道中的加拿大和我眼见的加拿大。

由于当时出国只是陪同身份，并没有打算长住，也没有打算移民，加上准备时间匆忙，互联网未普及，也没来得及买书阅读，诚实地说，到来之前我并不了解这个国家，仅有的关于加拿大印象除了"白求恩"就是"冰天雪地"，甚至连加拿大的国庆日和历史一概不知。互联网为资讯飞跃发展时代做出极大贡献，现代人很幸运，可以坐在家里阅知天下事。然而，媒体的报导，书籍的描述，与现实相隔多远？真实的加拿大色彩如何？

在概述中我简略提及人口与地理环境的概况，这里不复述，只想以一个普通居民身份，通过所见、所历，着重谈谈软性人文状况，治安情况和环境保护状况，并简略谈谈社会与民生现状。

连续多年，在"全球最宜居住城市"榜中，加拿大的温哥华，多伦多和渥太华等城市榜上有名，尤其是温哥华，成了加拿大最宜居住的城市之一，也是加拿大政府和各个移民机构对外的着力卖点。

每当我看到这些极力吹嘘之词，我都想泼一勺冷水，奉劝一句：别只相信媒体和统计数字，如果条件许可，请亲自到各处走走，与当地居民谈谈，用自己的眼睛看世界，用自己的头脑去思维、判断你自己的"最宜居住城市"。

诚实地说，当我第一站居住于加拿大卡尔加里市时，那里民风淳朴，居民诚实，环境安全，街道干净，天蓝云白地绿。公务员办事质量高，售货员服务态度好，邻居朋友意诚，让我深受感动，心灵震憾，我很快就爱上这个城市。即便当时我在国内居住环境和工作状况也属于优越，但相比之下，当时的加拿大人确实感动了我，成了人生中最美好的时刻，卡尔加里成了我异国故乡。

近十年，北美经济不景气，加拿大的执政党弱能，移民政策混乱，加上婴儿潮人员进入老化阶段，出现了与加拿大公平精神背道而驰的贫困悬殊、贪污、挪移公款、年轻人失业率激增、物价和房价上涨，以致民生不再是以前的民安家稳，花香遍野，人的罪性在经济低迷时期开始萌芽，接而引发诸多社会问题，老一辈人也开始感叹居住环境也远不如以前，治安问题也越来越多。

十几年前的加拿大，虽也听说有抢劫银行事件，但没听说过有入屋偷窃和抢劫，更没遇到过警察敲门调查附近出现命案的情景。而这十年，从报纸上看到治安问题，到邻居，朋友和同事家出现被破门盗窃，又或附近社区发生凶杀事件，不禁心怀惶恐，为"天堂"加拿大前景担忧。

当我住在爱得蒙顿时，一天下午，我家门铃突然响起来。朝鱼眼玻璃望去，见是两个高大魁梧的警察站在门口，手拿记事本，满脸温和而又略带严肃。我打开门，心跳加速，在没开口前脑袋迅速检讨自己有没有犯错，"扫描"结果没发现自己犯了法，便安了心。我一辈子没与警察交谈，警察站在自家面前的事更是未曾遇过。还没等我开口，一位警察大哥开腔："对不起，打扰了。你昨晚有没有听到什么特别的声音？有没有觉得附近发生可疑的事？"我本没发现特别的事，被警察一问，反倒觉得眼前的情景变得特别起来。我有些紧张："没有呀，感觉与平时一样，连奇怪的声音都没有。"警察记录着，见我有些许紧张，他们的脸色和口气缓和了些，继续问一些问题。记录了几句话以后，另外一个警察先行去敲对面邻居的门，见此，我猜想昨晚附近肯定有事发生。这原本是一个治安很好，很安静的大学区，因而选择住这里，让孩子入读这个区的中学。现警察上门调查，确实不寻常，我心怀不安地问："这里有特别事件发生吗？"答："是的，昨晚这附近有人被杀了。"我听罢，背一阵冰凉，继续追问："那我们会不会有危险？"警察很耐心，安慰我说："你们不会有危险，还是很安全的。我们会尽快处理这些问题。"虽说警察很耐心，态度也很好，可从那时起我开始对附近治安有所顾虑了。没过多少天，又有一个品学兼优的大学生在自己所租的屋门口被杀，案发地点离我家也才几个街口。连续出现这样的事，我开始心绪不宁，决定搬离那个原本安宁的社区，住到另外一个相对安全的社区。原以为新住的社区会安宁，但一年以后的冬天，离家两个街口之隔的一条后巷子，有人发现一具男性尸体，于是又遭遇警察敲门调查。此后，我也不敢夜走后巷，免得遇到不测，且开始变得小心起来。

离开爱得蒙顿后，那原本朴实安宁的城市屡屡上新闻头条，有的是同事间枪杀案，有的是惊天动地的灭绝人性杀亲友案，且地点都是原本很熟悉的地方。每当我听到这些新闻，内心都会掠过一阵寒颤：毕竟我在那个城市生活很久，有朋友，有感情。原以为搬来被媒体誉为"天堂"的温哥华会安宁些，没想到不安全感像贴身妖魔，走得更近。刚在温哥华新工作单位上班不到一个月，一位住 20 楼的同事家曾两度被入屋盗窃，家里一片狼藉，有价值的东西一件不剩，损失惨重。后来，附近一位老太太也向我说起家里被盗经历，触目惊心。去年，我家附近的一位朋友家也被入屋盗窃，损失了珠宝等贵重财物。这一系列"近身"发生的罪案，让我对治安状况速生不安。

以前总以为在电视上才可以看到警察与人对峙的景象，没想到在美丽的温哥华，在原本安宁的住宅区，我却也遇上一次好莱坞大片中的情景，当时我还天真地以为在拍警匪片。一天，当我回家路经附近一个中学，见中学对面的一个转角住户和两条街被耀眼的黄色警示线封住，街上停有四部警车，几个警察荷枪实弹守护在街口，指示路人和行车绕道，另外几个警察手握短枪，对着屋内大喊："开门！"我从未在现实生活中见识过这种场景，虽然心也恐慌，但写作人爱观察的本能令我想住足观看。可刚一走近警戒线，便被警察指示离开，我只好绕道，边走还边回头看。后来知道这间离中学一路之隔的房子是毒品售卖点，警察封街破屋那天结果如何，报纸新闻并没有报道，只是被我恰巧撞上。还有一次，当我正坐车上班，路上有好几辆救火车、救护车和警车呼啸而过，朝着离我们住处 10 来个街口处驶去，看着如此多车往那个方向驶去，我知道出事了。后来从当地报纸知道，那是一个出租独立屋，被租客用于制毒，引发起火爆炸。每当读到这类发生在离家不远，又或是熟悉地点的负面新闻，我都会心惊胆颤。

正写这篇文章的当天傍晚，我到素里市图书馆听讲座。讲座结束才 8 点半，我在天车站等公车（这是素里市中心），见有俩警察在车站巡逻，附近停着两辆警车。自从素里半年内发生 30 多宗枪击案和多起其它罪案，市政府增加警员，加强巡逻，让我觉得既有安全感又无安全感。我边阅读电子书，边等车。突然一阵吵闹声传来，只见一个年轻人情绪激动边走边大声自言自语，人们见了都闪一边，让他走过。还没站稳，又见一个人手拿尖刀，在我面前不足一两米处蹲下，狠狠地用刀把地缝中的草挖出来，扔到路上，不停叨叨絮絮。这俩人从样貌和举动看，显然是吸毒后的兴奋表现。那手拿尖刀的人快速转移地点挖草，我也随人们，悄悄挪动脚步。我没法安心读电子书，张眼望去，原来停警车的地方空了，警察也不知所踪。当我上了公车，刚开出 200 米，见俩警察逮捕和询问几个年轻人，不知道他们犯了什么事，警车停在旁边。回到家才过一个半小时，约 11 点，素里南区又有一宗入屋抢劫和枪杀男主人案！自 2015 年一月以来，素里市在 7 个月内发生了 37 起枪杀案，至于其它罪案，还真的不知道如何计算。虽说我不居住在素里市，但随着临近区域也有入屋盗窃案发生，居民们开始心有恐慌，幸好邻居们很友好，特别来安慰我，稳定我留下来居住这里的决心。

在温哥华居住期间，我亲历被人跟踪要挟钱，被一个同事翻看个人物品，信用卡被盗用、被迫在公共场合忍受抽大麻者吐出的恶心气味，以及附近街区发生的黑帮连续枪杀案和家庭血案等等，如果再遇到警察敲门调查，遇到年轻人在中小学校园内吞云吐雾抽大麻，又或是遇到黑帮骑摩托车冲进素里商场、警察封街追捕凶犯而导致天车暂停等，我已经不再惊讶，这就是真实的加拿大现状，美丽温哥华天空下黑暗角落和阴影。

近年来，加拿大治安状况每况愈下，温哥华天车站会见到免费派发大麻，大麻图案可以大方贴在商铺门，大麻客也会在闹市区举行大型年度聚会，在校园区也会闻到大麻味道。这些过分自由的现象，让人费解。政客们对年轻无家可归者安置、毒品贩卖和黑帮问题上的无能，令青少年踏上歧路，实在令人担忧。

天堂与地狱一线之隔，只看命运把谁的脚放在线的哪边。

9、环保意识

天然环境如果不加以保护，将会被大自然惩罚，很多国家都有这样的教训。对于环境保护，加拿大国民从小在学校学习环保知识，被教育成环保一族，对国民的环境保护教育却是值得赞同。然而近年来，由于执政党在石油开采政策方面被功利迷惑，有部分政客和商人们只关心业绩和金钱，做出了官商勾结的事，不但破坏环境，也引发居民抗议，加剧民众与政府间的矛盾。

加拿大有丰富的矿产和石油资源，其油砂矿集中在亚省，开采油砂成了亚省主要工业。虽然政府有比较完善的环保政策和条约，但也时常会出现湖泊被石油工业污染的丑闻，又或民众自发聚集反对输油管建立计划，至于这些事最后如何解决，是否罚公司款，或逮捕聚集者，我没有跟踪新闻，倒是一次外出偶遇让我寻思，开始了解石油泄漏问题。

在一个初夏周末，我与一位加拿大朋友到郊外参加原住居民活动，到了距爱得蒙顿市北部约 80 公里处，我们迷了路，兜着圈，在郊外原住民保留地寻找活动地点。朋友担心我闷，一路解释以原住民族首领名字而命名的路。不知不觉来到一个湖边，见有几十个原住民在一片空地上围着唱歌、跳舞、敲手鼓。我好奇地问同行朋友，她下车去询问，回来对我说他们在做祭奠，为一个被石油公司漏油污染的湖，也为因为漏油而受害的鱼鸟虫树祭奠。接着，朋友对我说起前些时间亚省发生的漏油污染湖的事故，说起原住居民对自然的敬仰与崇拜，对这片世代生活的土地之爱戴，每年，他们都自动聚集，以传统模式祭奠这些被屠杀的生灵。

在写这篇文章时，新闻报道（2015 年 7 月 16 日）：加拿大尼可森石油公司在阿尔伯塔省北部长湖地区的油砂矿输油管发生泄漏，五百万立升原油覆盖了 16000 平方米。这是阿尔伯特省有史以来第二大泄漏原油事故。虽然石油公司宣称这次原油泄漏事故不会造成环境和饮用水资源污染，且政府以及有关人员也到场调查，并作善后处理，但人们还是担忧环境被污染，担忧政府正在推行的原油输送管计划所造成的隐患。

尽管有石油和矿产开发商人不重视环保问题，但总的来说，加拿大自然环境保护得比较好，尤其是绿色资源保护和垃圾分类处理等方面做得比较成功，公民环保教育也到位。先谈谈绿色环境保护问题。在加拿大，即便树生长在你家后院，只要达到规定直径或高度，这树就不是你的个人财产，如要砍伐，要预先向政府申请，得到政府批准和邻居同意后，还要付费请专业公司来砍伐。至于多大的树需要申请，砍伐公司收费如何，每个城市的法律规定不一样。如果未经市政府批准而砍伐，除了罚款以外，或许还要承受补种树等惩罚。离家到外郊游或行山，路遇花花草草，可以欣赏，但不许乱采，否则会面临破坏环保条例而被罚款，尤其是稀有品种植物。为了保护环境不受污染，有的行山景点入口处还特别注明，要求自带垃圾袋，把个人垃圾带下山，遛狗的人则负责清理自家狗的排泄物等等。

即便各个省收垃圾时间不一样，但垃圾分类大致相同。有的地方以垃圾桶颜色分类，有的地方以包装袋颜色分类。垃圾分为几大类：有机厨余类（咖啡渣、食物残渣等），循环再生类（牛奶罐，洗发水瓶等），纸质制品类（报纸、书籍等），植物花草类（树枝，野草等）和普通垃圾（塑料袋、婴儿尿布等），有些特殊的垃圾如过期或废弃药物、电池，油漆桶和废电灯泡等，要送到专门回收点。垃圾分类大大减少了垃圾量，增加回收利用量，提高垃圾处理效率，这种利用垃圾分类来保护环境的意识已经被广大市民接受，并自觉执行。至于地下水资源环保项目，还有不少人不明确，比如过期药物和食物油不能随便倒入下水道等等，但公益广告会在电视上播出，以强化民众的环保意识。

为保护家园，加拿大政府对环保教育很重视，学生从小在学校学习，公共传媒做广告宣传，即便是政府为新移民设的语言学习班，也会认真传授环保理念，教授环保知识。

10、邻里关系

加拿大人很讲究社区协调和邻里和睦关系。如果街坊关系好，相互尊重和关照，可以增添生活色彩，给生活质量加分；如果关系不好，将是日常烦恼，有时更是会演变成噩梦。幸好加拿大有比较完善的噪音管理和其它管理条约约束，使得人们有据可寻，居住环境有一定保障。

十年前我曾居于离大学校园两街区之隔的老公寓 3 年。第一年还好，平安无事，邻居们都是年轻一族，有学生，有白领，有小商店主，大家见面很友好，也还客气。第二年，公寓搬进来一个家住附近、第一次离家独住的女孩，于是，这公寓便成了我们噩梦之地。这女孩高中毕业没读大学，在咖啡厅打工，是顺境家庭的孩子，也正处于叛逆期。她每天过 12 点不睡，经常开派对到深夜。有时穿着高跟鞋在木地板走动或跳舞，有时招不少人回来混居，扰民声彻夜，弄得邻居们不堪忍受，怀疑她是一个卖淫少女。一天，扰民声又肆无忌惮，直到深夜，于是有邻居以噪音管理条约为准则，拨打报警热线。警察动作非常迅速，十几分钟后，便见两警察来敲那女子的门，调查事件经过，临离开前向这女孩发出口头警告。后来这女子依旧行为不检点，无视法律，警察也来访多次，但也似乎执法不力，状况并未好转，我只好赶紧搬走了事。

搬到一个租客收入比较高，地点和房间设计都很理想的公寓，邻居们都是就业职员或退休人士。头一年也还好，大家和平相处，彬彬有礼，很安静。一天周末，当我在写作时，突然一阵撞墙声打断了我的思路，接着是一阵哭喊和叫骂声。约几分钟后，楼下大门被狠狠地关上，楼外传来叫骂声和祈求声。我想或许是一邻居家发生"内乱"，不太在意，继续写我的小说。可过一会儿，一阵笛鸣响，我探头往窗外观望，见楼外喊叫的男子被警察戴上手铐，一位警察在问话并记录，另一位警察弯腰站在警车头盖前，像是在写东西。隐约中我听到警察说："有人报警。"由于他们站在我窗口正对着的楼下地段，可以看到那男子的样子：像是吸了毒或喝醉酒一样，姿态神情不正常，说话也含糊不清。后来，警察让他上车，一阵短暂鸣笛后，警车开往公路，消失在车流中。平静了一段时间，后来又听到他家传来打闹声和飘出一种苦臭无比的味道，这是我第一次闻这种恶心的味道，每次路过都得捂着鼻子，闭住呼吸。后来隔壁老太太说楼下有人在抽大麻，我才恍然大悟：原来这是大麻味！幸好这家人被公寓管理处警告，不久后搬出公寓，我们才又恢复安宁。

搬来温哥华后，没想到这种恶心的大麻味满街飘荡，尤其是在车站，学校空地、树林里、公园旁。几年下来，我已见惯不怪，但这苦臭无比的味道让闻名于世的温哥华在我心里大打折扣。幸好邻居们是久居此处的成熟屋主，不但自己家前院后院打理得精致，对邻里街坊间共同地段也保护得很好，所以心有安慰。

温哥华居住时期的邻居们很友好、乐于助人。他们都是植物热爱者，为了帮我们建立植物"王国"，不惜牺牲自己周末时间，帮我们锯断遮挡菜地的树枝，送我花苗，教我种菜和养花技巧，是典型的传统加拿大老一辈市民。每当疲惫之极时遇到邻居温暖的问候，我的内心都会重燃温暖，发自内心感谢他们。每当蔬菜瓜果收获时节，我会把精心种植的蔬菜分送与他们，以表内心的感激，他们也会把种植收获与我分享，大家彼此互敬互爱，相处甚佳。而最让我觉得暖心的是每年一次的邻居夏聚。每年夏天，一位热情豪爽的意大利裔邻居在他们家后院举行夏日聚会，邀请亲朋好友和整个街区的邻居们，共享夏日和土地的恩赐。

搬来这里后，我参加两次聚会，感觉很温馨，有点儿像家乡老乡聚会那样。去年邻居聚会在八月第一个周六。主人两天前便向邻居们逐家发出邀请，以便大家计划和准备。周六早上起来，我到前院整理花草，见邻居已经在他家前院支起电动操控烤猪架，一头中型猪正在炉火上烤着。我见过烧烤店挂着烤好的猪，见过电影里的夏威夷烤全猪，但没见过电动烤全猪过程。好奇的我放下手中的活，走到烤猪旁边，闻着渐渐发出香味的烤猪，像孩子那样问着问题。另外一位参与协办聚会的邻居见我如此感兴趣，便向我详细介绍，并操纵机器，转动着烤架，让我看烤猪过程。旁边一位 80 岁邻居老太太见我如孩子般好奇，投来善意微笑，接着便聊起饮食话题。

　　聚会在下午 1 点正式开始。60 多位邻居和朋友们陆续过来，带着自己烹制的菜，放在主人家后院的大桌子上，然后三五成群聊天。有个 80 多岁独居老太太和另一位 90 多岁独居老先生也被请来，并有后辈负责去接他们，照顾他们。聚会有 60 多人参与，年龄最小的刚几个月，最大的 90 多岁，大家说说笑笑，互相打趣、互相敬让，非常温馨，咋一看，像是四代同堂大聚会。我带着菜园子里收获的菜，以中国菜的方式呈现于餐桌。除了蒜苗炒粉丝，我特带的一盘脆炒土豆丝，让祖籍欧洲的邻居猜不着，衍生不少有趣的询问和猜测。他们也用后院的菜作沙拉，又或是自家后院产的苹果作馅饼登场。因我带来的菜是唯一的中国菜，他们边吃边猜测着是什么食材，当告诉他们：这些是我后院种的马铃薯时，他们半信半疑，忍不住继续尝试。邻居们只吃过炸薯片，马铃薯泥，烤马铃薯和炸薯条，而我的爽脆马铃薯丝炒肉末，他们是第一次吃。见他们喜欢，心里暗自得意，其实我用这招"饮食幽默"哄了不少朋友。

　　如果将来搬离温哥华，我最怀念和留恋的不是那闻名于世的山水，也不是宜人的天气，而是郊外曾经住在同一个街区的邻居们，那些热心善良的人家。

11、园艺乐趣

　　我与植物的缘分源于儿时，对它们的爱深深渗透到日常生活，并随着时间的推移而日渐增强。记得小时候，在城里长大的我，却喜欢在放学后绕道到近郊田野里看看水稻蔬菜才回家，那时候，我便开始幻想有片地给我种植物，幻想着可以种玫瑰，种向日葵。风雨几十年，不管是住在公寓里操持十几盆花花草草，还是现今操持的亲戚家后院一大片园地，我都会虔诚撒下儿时的幻想种子，如将军般"调教"和"管理"植物士兵们，认真耕作，收获蔬菜，赠送给街坊邻居们，以表感谢。

　　夏天的菜园子是我的天堂，让我与植物相恋。直爽的白菜和油菜首先登场，以快速生长的基因显出成熟姿态，急着在园子里作秀。清雅的荷兰豆悄悄地开花结果，而后安静地挂在架子上，等待我采摘。憨厚的马铃薯不争俏，默默开着或白或紫的小花，暗自结着或红或白或黄的薯。黄瓜很调皮，有架子不爬，总往地面伸延，一不留神便发现熟了的瓜藏在叶子下，分明是在与我捉迷藏。生菜不张扬也不含蓄，坦然伸展叶片，像淡绿色的花开在黝黑的土地上。深藏不露的红萝卜与向日葵相隔几米，互相对望，不知是否会妒忌？张扬的玉米因我的错误决定，被安排与向日葵相处，抗议似地把身子挺直，把穗高高扬起，无视我的到来。西红柿像顽皮孩子，与我玩起游戏，这边刚剪完枝，那边便使劲长，居然长得如同丛林，居高临下地看我劳碌，然后趁我不在意，结起串串樱桃番茄，压得枝桠腰驼背弯。性急的南瓜们像刚学爬的孩子，到处乱串，急得我赶紧剪枝追肥，手忙脚乱中搭错架：该爬高架的小南瓜牵往地上，让它们满地乱爬，该往地爬的大南瓜牵往架子爬，无奈中只好将错就错，加固架子。霸气的西葫芦张开像小伞样的叶子，占据着地盘，一不留神便横出几个像婴孩样的瓜，大大咧咧地挡道，好不气派。幸好四季豆乖，蒜苗青葱听话，甜菜也守规矩，让我偷得短暂休闲，锄草施肥，摘菜晒种，不至于落下不善管理菜园的"恶名"，仍然守护着邻居和朋友们送与我的"优秀农民"声誉。

　　种菜乐趣远不在此，交换礼物和增进友谊是额外收获。邻居们给我鼓励和帮助，渐渐地种菜水平提高，产量剧增，蔬菜年产 300 磅的成绩让自己也惊讶。与朋友们和街坊们分享心得，参观院子，赠送成果，成了回馈和感恩的最佳途径，参演了简朴的"礼尚往来"温馨一幕，把温馨传递。右邻无花果熟了，住在这圈子的十来户人家的门铃逐一响起，美丽的姑娘与母亲捧着用无花果叶装饰的碟子，给大家分送果子；左舍初熟的青瓜送到我家，成了中国凉拌黄瓜。

　　去年夏天，我邀请一位 80 多岁老太太来参观菜园，并采摘她喜欢的菜。这位老太太住在这里 30 多年，与我一家之隔。两年前我刚搬来时，老太太丈夫送我香草苗，并带我参观他的园子，教我植物知识。而今老先生离世两年，老太太寡居，很少出门，与她在聚会中同桌吃饭聊天。聊天中知道她爱吃甜菜，便邀请她来参观我的菜园子。看到甜菜露出半个根茎，青瓜挂在架子上，她开心得如同孩子，满脸的笑容，话语欢快。看着与母亲年龄相近的她如此开心，我很安慰，仿佛站在那里看我摘菜的不是邻居老太太，而是我的妈妈。

　　邻居们知道我爱花，送我玫瑰、黄菊、薰衣草和紫穗花。一年后，从春到秋，院子姹紫嫣红，让人赞叹。尤其是黄菊、白菊花和薰衣草，每年都开得特别灿烂，招引蜂蝶流连，成了蜂蝶的世界，有时还可以见蜂鸟在花间盘旋。我把收割的薰衣草晒干，做成香包和茶包，寄给远方的朋友们，分享我的喜乐和劳动成果。

　　在后院开发的菜园里劳作，在垄间穿梭，在前院采花剪枝，任蜂蝶蜻蜓环绕、嬉闹欢舞，尽享园艺的乐趣。耕种于菜园，收获物质；耕种于友情，收获精神。

12、教堂寺庙

　　走在加拿大居民区，除了民居和中小学校，最多见的便是基督教教堂，几乎每一个大街区就有一个教堂，只是教派不一样。而其它宗教的庙宇则视当地信徒而定，如在华裔或越南裔聚集居住地的温哥华和多伦多，佛堂会相对多些，规模也会大些；在印度裔聚集居住地素里市，印度教和锡克教寺庙则相对多些。伊斯兰教徒多聚居于安大略省，因而清真寺也相对多些

　　在众多的宗教场所中，我走访最多的是基督教堂。有古老建筑风格教堂依旧沿用传统基督教形式的教会，有现代建筑风格、并用改革模式做礼拜的教会，也有建筑风格堂皇的天主教堂，但无论什么风格的教堂，他们基本上都是在周日早上做崇拜。由于新移民逐渐增多，各个教派为吸引不同背景的新移民，会在同系统教堂援助下，植立新堂，而有的教堂则在原址增加崇拜次数，有的教堂则增加非英语语言做崇拜和聚会。

　　刚来加拿大时由于对基督教一无所知，不知道基督教会也有派别之分，不知道派别中也有相似和不相似之处，更不知道有的教派被其它教派共同排斥。我原以为所有教堂都会有神父和修女，因而每当我见到教堂，都觉得神秘，神圣不可侵犯，会远远观望又或绕道而行。居住加拿五个月后的一天，我到大学附近的超市买菜，超市旁边的教堂挂出一个中文招牌："中文圣经学习班"。时隔 17 年，我依旧记得当我第一次站在教堂门口看到久违的中文，顿觉心里产生希望，尽管我对教堂还是敬畏、迷惑，对圣经全部所知就是俗化版的亚当和夏娃故事。但我心里还是有所顾忌，尤其是见到家附近的一个教堂屋顶上支撑起来的巨型十字架，还是觉得神秘，甚至少许不安，想到的都是与墓地有关，与死亡有关，于是，我又拖了一个月，没有理睬教堂前面那个中文牌子。

　　一天，当我又到那个教堂旁边的超市去买菜，当时正值深冬，

几场大雪把街道和行人道覆盖，足有一尺深，当我刚走出来时见一位年约 70 的老太太开着车朝商场停车场转弯，还没等我反应过来，这老太太的车失控了，在教堂前面的路上原地打了几个转，铺满雪的路上留下混乱的车轮轨迹。幸好当时没有车开往这条路，因而老太太的车除了打转，并没有撞车。当车停住时，我见她说了句："Thank God!"我觉得非常好奇："都差点出事了，还感谢上帝？这上帝到底有什么值得让人感谢的？为什么她不是抱怨、谩骂，而是感谢？我得去看看这上帝是干什么的。"我找到借口说服自己去教堂，看看圣经到底是怎么回事。在那个圣诞节，我终于迈进教堂，稀里糊涂参加了中文聚会，第一次尝试圣诞火鸡大餐。

不久后我们搬到另外一个社区，家旁边后巷小路之隔有个英语教堂。夏天邻家繁花似锦，而我家却开满蒲公英，我觉得很漂亮，便把它们集中起来，种在一起。一位路经我们院子旁边人行道去教堂的老人隔着矮篱笆向我友好地打招呼，当他见我在种蒲公英时，便对我说了一大串话，而我只是微笑。他见我完全听不懂，便用最简单的句子比手画脚地说，表情急切变幻，我终于明白他叫我不要种蒲公英。自从搬到教堂旁边的独立屋后，常听到教堂传来歌声，非常吸引人，终于有一天，我忍不住怯怯地走进去，悄悄坐在最后一排。牧师在台上讲道，可我一句都听不明白，见大家站起来，我也跟着站，见他们坐下，我也跟着坐下，崇拜结束后，除了"阿门"，我什么都没听明白。不久，我们在这个教堂认识了一对虔诚的基督徒老夫妇，于是这对老夫妇便成了我在加拿大第一对朋友，也是我后来相认的加拿大父母。（请阅读文章《献给来自英格兰的父亲》）

离开卡尔加里后，我们搬了好几个城市，无论搬到哪里，我都会去寻找教堂，只为那美妙的歌声和宁祥的气氛，还有内在的敬畏与向往。

虽说成长于佛教国家，但由于历史和政治原因，我并不了解佛教，又或说我们这代人对宗教信仰了解不深。加拿大有不少佛堂庙宇，但多是近几十年来由香港或台湾移民建造起来。虽说佛堂的建筑风格有模仿中式古建筑的痕迹，但都因地点多处于市区内，没有深山野树的围绕，总让人觉得缺失，难以感受国内古老庙宇的安宁与静穆。有时经过这些处于市区内的佛堂，我从没产生进去的念头，不了解里面如何，直到一位越南裔友人带我去一个小佛堂，我才首次踏入，去观看人们抽签算命，对佛堂也有了粗略印象。我走访的佛堂不多，也没参加过佛事，唯一让我有印象的是设立于温哥华繁华地段的"东连觉苑"。我是闲逛时走进"东连觉苑"的，当时有义工见我进来，非常热心，友好地带我参观里面各个堂。我对佛教并不了解，出于对他们的尊重，我默默跟随义工，礼貌回应，不敢乱问乱说，深怕冒犯。后来这位热情义工带我参观图书馆，让我眼前一亮：馆内有不少佛学藏书和现代书籍。或许是专业习惯之缘故，图书馆总是我的最爱。后来我再次去"东连觉苑"，安静地坐在图书馆阅读，了解一些简单的佛教知识，也算是不枉义工花时间带我参观。

除了走进教堂和寺庙，基督教徒和佛教徒也会走出来传教或做善事，会在路上派发宣传印刷品，又或是上门宣教。有不少宣传品则放在商场特别置放处，至于他们属于什么派别，我没有研究。不管是什么教，如果教人从善，相爱互相，都值得尊重。

第三章 学习篇

1、全民教育

加拿大人评估教育成果不完全在于学生的考试成绩，也不在于是否进入大学或专科学院，因为考试成绩在学生生涯中的意义主要是学习阶段的效果评估，而读专上学院也只是通往美好生活的其中一条路。由于上大学不用通过高考选拔（请阅读"发表文章"《加拿大，分数与技能并重》），因而培养学习能力和解决问题能力，行就终身学习和融入全民教育大环境，才是加拿大教育根本意义所在。政府为了推行全民教育和终身教育，花费大量资金建造不少公共图书馆，让离校公民有继续接受教育的权利，同时也丰富学生课外阅读生活，培养孩子们的学习能力与兴趣。

加拿大图书馆按功能分为四大类：公共图书馆，理论学术图书馆，特殊图书馆和学校图书馆。规模有大有小，藏书类别由资金预算决定，又或由使用性质、读者对象而定。规模大的图书馆，如大学图书馆和市公立图书馆，可有十到二十间分馆；规模小的图书馆，如老人公寓图书馆和教会图书馆，只有几个书架，书源也多是来自捐赠。

公共图书馆聚散有序地安置于社区，不管是大气的建筑还是小巧实用的建筑，其藏书量和内在结构都保持基本要求，体现了政府对市民文化生活的资金投入。有的图书馆建筑成了地标性建筑，成了文化领域的一道雅致风景线。公共图书馆因每个城市的经济预算不同，开办分馆数量、规模也不同，但都尽量涵盖城市的各主要生活社区，有的偏远地区会有流动儿童图书馆定期到访。办图书证是否收费，因城市经济状况而异，有的城市免费，有的全年收费 10-20 元不等。公共图书馆资料收藏范围很广，从政府报告到婴儿发音图书，从学术性很强的参考书到街坊小报，只要图书馆没关门，民众都可以自由进馆查阅和学习，也可以免费享用其设备和无线网络，至于具体服务范围和细节，则遵循各图书馆规则而定。除了特别资料，大部分资料对外开放，有的可以借回家，参考资料和特别保护资料只能在馆内阅读。或许是教育方法和培养习惯所致，加拿大民众阅读热情高昂，从小孩到老人，喜欢阅读者众多，随处可见手捧书籍阅读者，即便是电子书时代，也有不少人抓紧时间阅读，这种全民阅读习惯，除了学校培养，图书馆的功劳不可没，可谓名符其实的全民教育终身课堂。

德国海因里克斯-海因斯大学 2014 年对世界 31 个城市的图书馆作深入研究和评估，温哥华与蒙特利尔公共图书馆并列评为世界第一。这结果体现了政府对公共教育事业的强力支持，也是国民学习环境优越的最好例子。或许是我的专业习惯所致，不管是旅游或是移居，每到一个城市或小镇，我喜欢到图书馆参观，因而断断续续走访了几个国家共约三十多家图书馆。当第一次参观温哥华公共图书总馆时，我被它独特的建筑外形吸引，对其内在服务水平、系统和藏书量印象很深，它被评为世界第一，实至名归。

理论图书馆包括大学图书馆和专上学院图书馆，主要任务是为教职员工、学生提供研究资料和查询帮助。有的综合性大学图书馆按学科分类，有的大学则按地理位置分布图书馆。在女儿就读蒙特利尔的麦吉尔大学期间，我曾参观其中几间图书馆。麦吉尔大学图书馆是加拿大第二大学院图书馆，按专业分，大学内有 14 个图书馆，例如生命科学图书馆、音乐图书馆和数学统计图书馆等。因工作关系，我曾到温哥华的不列颠哥伦比亚大学的图书馆查资料，这间大学也有 14 个图书馆，按地区、专业和捐献者名字设馆。有的大学多至几十个图书馆，令人惊叹。图书馆在大学的地位很重要，是大学评比不可缺少的元素。不管是哪个大学图书馆，馆内设施都很好，学习气氛很浓。有的大学图书馆 24 小时开放，馆员轮值，以协助学生研究学习。很多大学的图书馆环境非常舒适，在声音限制要求不高的区域，设有咖啡厅、沙发和小组讨论间等，让学生在图书馆学习同时，也有地方作短暂放松休息，非常人性化。

特殊图书馆是指政府、公司和非牟利机构设置的图书馆，功能是为专业人员提供特殊资料和研究援助。图书馆的规模和分馆数量不一，由使用量和经济预算决定，职员由一个到十几个不等，学历由技术员到博士不等。收藏资料范围以相应机构或公司而定，主要对内部员工开放，方便他们查询资料作研究，但会设定范围和时间对外开放，以助外来研究者。我曾在一个政府资助的学习普教中心做义工，中心约 20 多个职员，主要任务是开着改制成图书馆的校车到偏远地区，打开车门让小孩进去借阅书籍，是名符其实的流动"图书馆"。这个小机构办公室面积不大，但也腾出一小片空间，设立三排书架的图书馆，馆员一个是半职另一个是义工，主要任务是订购和管理书籍，而书籍多是教育和心理学等职工阅读的参考书。

学校图书馆设立于公立中学、小学、残疾人学校和私立学校等，书籍收藏根据学校要求和学生年龄而定。因加拿大中、小学的学生人数有一定限制，学校规模不会很大，所以这类图书馆规模也相应较小，工作人员由一人到几人不等，工作量不少，因而提供了在校学生做义工机会。学校图书馆虽小，但基本功能齐全：参考书，外借书、电脑和电子资料等，也会为学生开办查询资料技能课程。我曾到一个小学图书馆做义工，看着孩子们认真学习查书和排队借阅时的笑脸，看到有趣的图书题目和封面，很愉悦。

走出学校，学习并没有停止，除了公共图书馆尽所能举办各类免费讲座、学习班和培训班，让离校的人们有继续学习机会，让学前孩子和退休老人各学所好，各类图书馆也会不定期举办讲座，或邀请专家、作家前来做报告。加拿大图书馆是校外教育的重镇，是全民教育的终身课堂，也是人们终身学习的资源部。

2、儿童教育

刚到加拿大时，一位来自台湾的邻居对我们说："加拿大的小学像牧场，老师是牧羊人，用的是放羊式管理，孩子的学习自由度很大。至于孩子将来是否成才，得看孩子的悟性和交往的朋友。"由于当时正处于放假期间，学校空空荡荡，除了到卡尔加里教育局为新移民家长办的欢迎会和孩子到教育局参加的入学摸底考试，我对加拿大小学教育一无所知，对这位台湾移民的话也是半信半疑，毫无概念。

出国前，我教育孩子方式就很"另类"：让孩子尽情玩，并在玩中学，玩的过程中思考，然后接受启发。当朋友们走后门把 5 岁多的孩子送去小学，而我却让孩子在幼儿园大班呆两年，不教数学和语文，只让她玩和学喜欢的画画，直到 7 岁半后才去读一年级。我奉行一贯原则：不逼她学习，不陪做功课，但会带她去书店，陪她在当时所居住的大学校园玩，让她观察所遇到的小东西，诸如蚂蚁搬家，树叶的纹路等等。闲时带她泡书店，除了书和录音带，其它玩具一概不买，外面的树枝石头和野花都是她的玩具。小学一年级的她每次各科考试都得满分，在她一年级没学完、不懂英文的状态下，我们来到加拿大。在参加教育局用中文考语文和数学时，她一口气考到三年级试题，并得满分，于是被分配到三年级读书。

我奉行自由学习和在玩中学的观念，自以为对加拿大"放羊式"教育会很快适应，可当孩子第一天放学回来，我的心开始有点不安起来。她的书包除了一个午餐盒，只有一本备忘录，没有课本，也没有任何作业。随后的日子也是如此，每天高高兴兴去上学，放学时书包还是一个午餐盒和备忘录，回家也没有作业。我开始担忧地问："你们在学校都干什么？"她说："画画，玩，学数数。"见她还说学数数，我也就稍微安了些心。第一个万圣节后，孩子回来眉飞色舞地描述学校活动，并模仿男老师扮演女巫婆的样子，让我极为惊讶。可描述完后，她缠着我，天真地说："我要把中国的同学都叫来这里上学！这里的老师很好，他们会跟我们一起玩。"见孩子兴奋地描述老师和他们一起玩的情景，我刚放下的心又提了起来，一贯主张"玩中学"的我开始产生顾虑和不安，担心这样玩下去会废了孩子。可半年过后，孩子开始往家里带回来老师借给她的约一百多页儿童小说，接着不断嚷嚷着去图书馆借书，读书热情很高。开始时还查字典，后来干脆直接读书，书越读越厚，我不禁惊讶起来，开始频繁带她到图书馆，对加拿大小学教育刮目相看。

小学老师并不是采用填鸭式教育，更不会按着教科书呆板地教每一个字，而是教育孩子们学会自学和阅读的方法，培养孩子阅读兴趣和习惯，让孩子们在大量阅读中学习和研究，并在研究中收集信息，扩展眼界和知识面，而后形成自己的想法，从而解决所遇到的问题。我认为这是一种明智的启发式教育理念，是终身受益的教育方法。与此同时，加拿大培养孩子公平和独立自主意识，并尊重孩子的个性，用鼓励表扬的方式发挥孩子们的积极性和学习热情。学校里不评选班干部，不分人格等级，也不作成绩排名，而是鼓励做义工，让每个人都有机会表现和奉献。对新移民孩子、后进生和残疾学生，在语言补习方面会给予特别帮助。

由于我们频繁搬家，从中国算起，六年内我女儿读了五个小学，除了刚来时的第一个学期，她需要学英文，第二学期开始进步很快，往后每年都学习优异，参与各种绘画比赛常得奖。小学五年级时，她还与同学办起了自己的手绘本杂志，在同学间传阅，深得老师们赞叹。看到孩子在小学里愉快成长，知识不断丰富，我深感欣慰，理解和认同加拿大的小学教育。与此同时，我很注意调整自己的心态和观念，在传承中华文化的同时，允许她继续在玩中学，没让孩子在两种教育文化夹缝中求同、求存，因而她的学习很顺利，不需要我操心，更不需要花钱找补习班，这于我于她都是益事。

虽然每个小学都有其具体的教学方式，但基本教学理念还是相似。除了老师讲授课本知识以外，学校还实行"请进来，走出去"的教学模式，会请消防员或警察等来给学生讲座，与学生在互动玩乐中传授自身安全保护等知识，有时会带学生到田野、农场，去感受农业知识，或带学生到博物馆、公共图书馆，让学生学习社会科学知识和历史等。

至于儿童安全教育和性教育，社会也大张旗鼓宣教，学校会在教学过程中把安全意识、生存本领和性教育融入教学中，让孩子们从小学会自我保护，学会应对周围环境变化和基本生存本领。比如，学校会教孩子什么是欺凌、虐待和性骚扰，如何拨打紧急热线电话，如何应对不怀好意的陌生人等等。

不少中国新移民家长见孩子在加拿大读书期间显得松散，大为紧张，其实很没必要。我所理解的学习不仅是课本上的知识，还有生活知识和求生本领，而这些知识可以在轻松环境中，在玩乐和动手做事中获取。我比较认同加拿大的儿童教育模式：小学 1-3 年级时以玩中学习为主，培养孩子们的学习乐趣和阅读能力；四年级孩子们已经相对成熟，在一定程度上可以自我约束，自我管理，此时，学校开始比较认真教些理论知识，开始有些作业（具体情况视老师和学校而定），开始有评分和考试等，慢慢过渡到中学阶段，为中学学习打下基础。

请阅读相关文章：《加拿大，打的自备儿童坐椅》，《各行各业打造缤纷暑假》

3、中学教育

中学分初中部和高中部，有的初中与高中同校，有的初中部与小学同校，具体情况因各地而定。初级中学（7-8-9 年级）和高级中学（10-11-12 年级），有的省把小学划分到 5 年级，有的划分到 6 年级，有的划分到 7 年级，中学划分则会因小学划分不同而有所变化。中学校包括公立学校和私立学校。公立顾名思义是省政府教育局管辖，政府拨款，实行 12 年义务教育，学生不需要交学费。私立则多是天主教学校或"贵族"学校，入学标准和要求则按学校各自规定，有学校要求父母是教徒，有的学校要求学生考试，择优录取，至于学费，各私立学校不尽相同。中、小学采取就近入学原则（但也不是绝对不可选校），有些省每年会根据学校综合评估排名，因而不少华裔地产商会以中小学校排名作为其商业销售策略之一，以此吸引买家，提高房子销售率，房子售价自然会比其它区域高出许多。

公立中学的教育除了延续小学教育的某些理念以外，实行选学科和分学科教育，除了按照教育局要求教授语文、数学、社会科学和外语等科目，还可以在 12 年级时选修一些大学预科课程。各中学老师资格要求不尽相同，但最基本学位是本科学位，并完成教师资格训练，获得教师资格证书，同时还要通过无犯罪记录，才可以获得教师资格。由于社会发展需要，不少中学开始招收具有硕士或博士学位的老师，而校长则多是具有博士学位。中学教学是走向专上学院的桥梁，因而教学法渐渐趋向于大学方向，以做项目研究或小组合作形式完成作业，期间也有单元测验、考试和统考，但却没有大学入学考试。大学入学资格得参考 12 年级成绩（或 11 年级成绩），省统考成绩也成为参考之列，此外，还参考学生社会工作经历、做义工时间积累等。招生部门根据个人申请，综合评估来选取学生，没有走后门之机会。由于近年温哥华公立学校老师常选择毕业考试季节罢工，影响 12 年级学生提交成绩单给所报读的大学，因而有的大学对入学要求作了相应改变，开始接受或参考高中 11 年级的成绩单。请阅读发表文章之《加拿大，分数与技能并重》。

公立中学排名结果，每个省都不尽相同，虽不可一概而论，但也一定程度体现了学校教学资质和学生所获得的教育质量。以我和朋友们所经历的阿尔伯特省（Alberta）和不列颠哥伦比亚省（British Columbia）为例，经过比较，讨论，我个人感觉阿尔伯特省的公立学校总体教学质量比不列颠哥伦比亚省公立学校好，至于是否因省政府投入教育经费不同所致，还是教师频繁罢工所致，又或是移民政策变化引致，我没做具体调查，很难得出准确结论。阿尔伯特省不少公立学校名列前茅，学生人才倍出，学生也很有创造力。我孩子在阿尔伯特读中学期间，学校也不会以各种名堂收费或要求家长捐助。观察近年的温哥华公立学校，其排名远不如私立学校，且中小学老师因为待遇问题和政府投入学校经费减少等问题而历次举行长时间罢工，已经直接影响到学生的学习，加上学校以各种名义要求家长捐助，这些行动在西人家长中或许深得同情和理解，但在华裔社区却难以被接受和理解。很难说不列颠省政府与学校之间谁是谁非，但由于资金投入不足，难免阻止优秀教师流失，继而影响教学质量，一定程度上打击了高中学生学习积极性。

为了给孩子寻找一个优秀学习环境，我们搬到阿尔伯特省爱得蒙顿（Edmonton），并通过走访调查学校和征求朋友建议的方式，找到比较满意的初中和高中学校，让孩子在这两个学风浓郁，师资优良的学校完成学业，同时结识不少优秀朋友，为将来的事业和生活打下坚实的基础知识和人脉网络。当孩子上中学后，我依旧采用"放养"、"自教"方式，奉行"情愿让孩子到好学校做龙尾，也不愿到差学校做蛇头"，如果孩子在全校（估计）排名第一，我们就考虑给孩子转校。孩子在初中和高中均各方面表现优异，行为自觉，老师很欣赏她，因而我基本不去参加家长与老师见面会。高中期间，孩子依然学习优异，除了参加各种学校举行的活动外，还在自编自导的 7 分钟短片比赛中脱颖而出，获得一等奖。此外，我让她 15 岁开始在麦当劳打工，赚钱零用。高中时，自觉找工作，课余时间打三份工，赚钱解决旅游费用和零花钱，并为将来读大学存学费。在获取经济收入的同时，她也学习到实用工作经验和社会经验，奠定了将来立足社会的生活基础。当孩子以优异成绩高中毕业时，我首次到他们学校，参与毕业颁奖典礼，方知道这个学校人才济济，并培养过许多世界知名学者和领导人。我为孩子能在这样优越环境下完成高中学业而深感欣慰和自豪，为移民生活中所经历的艰辛写下肯定而正面的结论。

高中学校好和差的区别，原本在阿尔伯特省时还没有太多比较和感悟，自从搬来不列颠省某市的一间中学附近居住后，与阿尔伯特省所经历的经验比较，开始发现学校之间的差别。据几年来的观察和对就读于此学校的朋友亲戚孩子所回馈信息，感觉这学校是我在加拿大遇到最差的学校，况且不说学生家长本身的平均教育水平，只看学校对学生活动所付出的精力，学生的公共素质和学校对面民居的大麻销售点，还有，学校为了增加收入而大量招收国际小留学生，寒酸的高中毕业礼，无人带领的校际体育比赛等等，这一切叠加起来的因素，几乎颠覆了我对加拿大中学多年来建立的美好印象。我曾见不少学生在这间中学校园附近（放学后）躺在草地上吸大麻，至于一位中学女生被一位男生在学校附近林子里大白天殴打致死，黑帮分子参加追悼会，凶手等待几年后被判刑等等，活生生发生在这个校园区，而不是小说里，让人感慨之余也深感悲哀。在庆幸我孩子不在这样的学校成长的同时，我以一个母亲的诚心，劝告国内准备把孩子送到加拿大高中留学的家长们：加拿大中学也良莠不齐，不要因为盲目崇拜而导致孩子浪费人生，又或误入歧途。在选校和选寄宿家庭前，仔细考察学校质量和环境，考察寄宿家庭所处地带是否安全等等。

加拿大中学生源随着各省政府对教育投入不同而改变。不少公立中学还是以免费义务教育为主，但温哥华不少公立中学因为资金不足，不得不大量招收国际小留学生，但由于师资并不到位，虽收入增加，但却没有做好有效跟进工作，加上不少合法和不合法的留学中介也加入赚钱大军，以致小留学生心理和健康辅导出现乱象，鱼龙混杂。至于来留学的高中生们学习效果和命运如何，除了个人的悟性，全看个人生存能力、适应能力和接受能力了。

4、校园欺凌

从幼儿园到大学，学生们都会涉及社交问题，且随着年龄增长，社交在日常生活中显得越来越重要。在此，我着重谈谈中学生和国际留学生社交问题。

随着信息技术飞速发展，电脑和手机的普遍应用，社交软件与媒体应运而生，成了人们日常生活中必不可少的元素，尤其是"数码一代"的学生们，社交已经不单纯是面对面的实体社交，也包括网络世界的虚拟社交，不管是哪种形式的社交生活，都不乏参与人群，也各有利弊。加拿大网络自由度大，加上社交媒体流行，因而学生们很容易找到自己喜爱的交友模式，获得交友信息，并找到志趣相投的人组成朋友圈。通过网络媒介，朋友圈扩展速度快、范围大，因而不少学生除了学校交往的朋友外，还有网络交往的朋友。谨慎而理智的学生会通过观察对方来交往朋友，建立健康和安全的朋友圈子。但有些性格孤癖或是性格缺陷的学生往往会被排斥或忽略，在现实生活中很难交到朋友，且容易被同学欺凌，他们只好在网上寻找朋友，并在虚拟世界畅游。

在加拿大中学，虽说有学校安全法规，且学校也反复强调、宣传、教育，并努力尝试杜绝校园欺凌，但是，不管校方如何努力，学校依旧存在不同程度的欺凌现象，最近还发生现实与网络欺凌同时进行，导致被欺凌者自杀的痛心事件。据加拿大健康研究所 2012 年调查报告指出："加拿大每 3 个学生中有一个在青春期被欺凌，38% 的男性和 30% 的女性在学校期间被欺凌，47% 的家长是儿童时期的欺凌受害者，13 岁孩子欺凌率在 35 个国家中排名第九。"由于我不在加拿大成长，不清楚为什么这种校园欺凌文化会在倡导尊重与和平的加拿大流行，更不知道其根源自于什么，只知道有调查显示校园枪杀案中的作案者多是曾经有校园被欺凌经历。这些触目惊心的数字不仅是数字，而是受害者及其家人的永久伤痛，这对主张平等、和平共处的加拿大来说，是一个顽疾，也是一种讽刺。

新移民、国际留学生、身体智力残障和肥胖学生很容易招致欺凌，有的聪明、漂亮学生也会因为出色而招致妒嫉，接而被排斥和欺凌。有的学生为躲避欺凌，或会妥协；有的欺凌受害者被社会上黑帮看中、拉拢，从此走上歧途；有些被欺凌的学生自组团伙，以对抗欺凌者；也有不少被欺凌者更加积极生活和学习，努力抗争，朝着自己的目标渐进，是坚强而明智的选择。如果被欺凌的学生们交往的朋友是社会黑帮份子，或是沉迷于网络集体游戏群，又或是交往了不上进的朋友，那么，这些学生将会面临社交困惑，小则影响日常生活，大则从此堕落。而新移民学生和国际小留学生，由于语言障碍和文化差异，在短时间内很难适应并融入当地文化，因而他们自然抱团，彼此安慰、温暖。近年不少家长把高中生送到加拿大留学，成了留学特色。由于年龄因素和心理因素，小留学生们面临的社交问题更严峻，但又很难随时与远方的家人沟通，及时宣泄心理困惑，于是，谈恋爱和同居便成了他们学习之外的精神依托和慰藉。我现居住区附近中学有不少来自中国的小留学生，每到周末，他们或双双对对去拍拖，又或是成群结队去中餐馆吃饭、逛街，有的干脆窝在寄宿家庭里玩网络电脑游戏。每当我看到这些脸面幼稚、茫然无助的面孔，我深感心痛：在他们最需要家庭温暖时，却被家人用钱捆绑着扔出家外，扔到国外！我不知道他们的父母有没有理解他们所处的环境，有没有送孩子出国前培养他们独立生活和社交能力，有没有做好充分过渡准备，然而我知道华人父母的望子成龙愿望很强烈，对海外留学具有根深蒂固的膜拜情结。

　　有的学生太天真，轻易被骗，成为网络和现实的欺凌对象；有的学生即便很优秀，也会成为学校和网络欺凌对象。2012 年 10 月 10 日，大温哥华地区高贵林港发生了一起震惊加拿大的少女因被欺凌而自杀事件，这位美丽的少女名为阿曼达·托德（Amanda Todd）。她自杀时 15 岁，就读 10 年级。她在自杀前自拍了小视频放在网上，默默表达内心的疼痛和无助，并以死来对抗欺凌。她的自杀刺痛了所有父母们的心，唤醒了民众，也唤醒政客们的良心。不列颠省长简蕙芝倡议全国范围内进行讨论和研究欺凌问题，并倡议政府增加反欺凌组织的拨款与预算，阿曼达的母亲也成立了以女儿名字命名的基金会，以帮助更多反欺凌组织和受害者。在痛心的同时，只能祈祷各方付出真诚，齐力反对校园欺凌，以免更多无辜孩子受伤，同时希望政府和学校去除官僚和虚伪，建立一个名符其实的安全校园环境。

　　不管学生社交出发点如何，也不管结果如何，不可否认，社交问题直接影响学生人生观和前景，也是成长过程中必须面对的一门实用社会学课程。不管是移民还是准备送孩子来加拿大留学的父母们，应多了解加拿大中学学生生活，预先做好学生交友问题的功课，付出足够的时间和精力，了解和跟进孩子在校情况以及交友问题，以避免无谓的困扰，避免孩子误入歧途，交结黑帮，同时，也可以帮助孩子避免被欺凌和欺凌，又或为孩子及时疏导心理困惑，以免悲剧发生。

5、大学时光

如果说加拿大的真正理论教育和学习压力从大学开始，一点不为过。出国前我曾在大学医院工作，接触不少大学生，尤其是毕业季节，不少醉酒闹事学生被送来医院救治，也有不少认真好学的好学生，在宽松大学环境下依旧按着自己的奋斗目标努力。自从恢复高考以后，国内小学到高中的最大读书目标是考上大学，考上大学就几乎达到目标，所以在大学期间读书如何，是否有激情和事业心，像是不重要，倒是关注毕业后可否进入高层，能否赚大钱，对将来的梦想和事业激情被社会现实冲淡、模糊。我在加拿大大学读书和在几所大专学院工作期间，仔细观察本土学生和教学研究态度，觉得加拿大与中国的专上学院最大区别是：中国大学是严进宽出，而加拿大大学是宽进严出；中国大学是艰苦学习后和新事业前的休整地，而在加拿大大学是奋斗前磨刀霍霍之地，是走向社会的过渡阶段，其紧张程度不亚于中国高考前状态。

由于加拿大没有全国统一高考限制，所以每个大学的入学要求和入学分数线也不尽相同，即便以同一分数线进入同一大学，但来自不同中学教学质量背景的学生，同分数不同水平的现象是进入大学后学生首先显现的，而每个学生首先面对的是：选专业，选课，住宿等生活和学业压力，而新生考试成绩会普遍比中学成绩下降，加上高淘汰率等等，这一切都要求新生必须在短时间内调整和适应。

首先谈谈大学生日常生活。一般来说，大学一年级学生和国际留学生有机会住校，至于宿舍离课室多远，这得看大学情况而定。有的学生选择住家里，以节省金钱，有的学生选择住校外，除节省金钱因素外，还可以接触社会。住校可有包餐和不包餐。包餐计划除了收费贵，其它相对简单，可以节省做饭买菜时间；住校但不包餐学生则得面对自己买菜做饭、做家务，除了房租相对贵些，节省了上学路上耗去的时间。住校外（不是住家里）的学生，多会以合租形式，既节省了租金，又可以结交新朋友，但他们得面对自己买菜做饭、花费时间坐车（开车）、自己解决租约问题、室友相处问题和处理电话、暖气等问题，对将来走出社会是很好的能力锻炼阶段，同时也可以建立人脉网。至于住校内或校外，各有利弊，得看个人具体经济基础、性格和能力所定，无疑是离家后第一次挑战。大部分大学校园内或附近区域，有满足基本生活需要的店铺，有的综合大学校园本身就像一个小城市，从快餐店到医院，应有尽有，以方便忙碌的学生，但价格会相对贵些。

至于选学科和课程，每个大学不尽相同。有的大学入学前选好学科和课程，但允许开课后一定时间内转科或转课程；有的大学则相对灵活，入读大学一年预科，修读必修课以后，第二年才确定主修专业。关于专业选择，我觉得最好是综合考虑市场就业、个人意向和人生目标，把学习当乐趣，否则整个读大学过程会变成一个痛苦的课程，将来的工作会成为一种折磨。加拿大大学淘汰率很高，学业压力重，如果长时间在自己所不喜欢的专业中学习，除了精神和心理很易会出现问题以外，金钱损失和时间损失也不可低估。

回想起自己选择专业时，也经历过迷茫与挣扎。为了入读自己喜爱的专业，英文学习和考试成了必经之路。后来，凭着对这个专业的热爱和执着，终于跨入门坎，如愿就读所爱的专业。入学时全系有 49 个学生，除了几个具有其它专业背景的 30 岁以上学生以外，多是年轻人，也有个别留学生，总体来说，全系学生都很有活力。由于是自己喜欢的专业、且是使用中年才开始学的第二语言就读，我不敢怠慢，付出努力要比全班同学都多，此外，由于生活变故，全职读书的我还要在周末打工和独自养育孩子，因而只能埋头苦干，每天不到 12 点以后不敢睡觉，恨不得把时间掰开来，按分钟使用。一个学期下来，班里少了几个学生。我没打听学生减少的原因，只顾埋头苦读，努力学习、工作和养孩子。一年过后，又少了几个学生，我开始关注，知道这些"消失"的学生除了转学科、缀学以外，还有是因为没达到学校成绩要求而被淘汰的。同学们看我在这样状态下能逐个学期熬下来，渐渐对我刮目相看。这是我选择的专业，也是人到中年后难得的人生机会，除了努力向前，别无选择和退路。我们系从入学时的 49 人，毕业时只剩 20 人，其中有两个因有些科目没达到要求而只能毕业，但没有文凭，需要回校重修一些课，并考上通过才可获得文凭。这两位只能毕业但没达到文凭标准的学生，其中有一位同学是应届高中毕业生，入学时并不知道自己真正意愿，顺从父亲劝告而就读我们专业，半年后，他发现自己不喜欢这专业，但父亲不让他转科。为了学费，他只好违心坚持，勉强读完书毕业，成绩自然不理想。

　　多数专上学院每年分三个学期：冬季（一月至四月），夏季（五月至八月）和秋季（九月至十二月）。夏季学期一般开课不多，如果学生不选择在夏季上课，也可以把夏季当成暑假，或去打工，或做义工，或去旅游。每个专上学院的毕业分数标准、学分计算、颁发文凭和学位分数要求会不一样，评分和计算分数规则也不一样，所以在繁忙学习同时，还要了解自己的平时分数和学分，以免毕业或将来就读研究生时因分数问题而显被动。

　　至于学习时间、地点和模式，每个学校都有相似和不同之处。有些课程采取大班授课，有的课程采取小班授课，上课时间、地点和考试时间等都有统一安排，有各自的课程和考试表。由于地点不一样，有的课上完后就得赶去另外一个地点上课，甚至是不同校区上课，有些课程时间会有很大差别，比如所选的课有的在早上，有的在晚上等等，所以学生选课时要注意综合考虑，多向学长们和同学们取经，以免因上课时间安排不合理而显被动，浪费时间。学校授课模式除了记忆学习和考试以外，主要是锻炼学生的研究能力和解决实际问题能力，至于具体方式，每个大学或专业不尽相同，重点也不一样，很难一概而论，但有一点基本一致，就是研究能力和演讲能力的培养。

　　大学的作业不是单纯的回答问题、写些思考结果等，而多是以做项目形式完成，这包括个人选题作研究和报告，或小组集体选题共同完成项目等等，而项目结果除了写成研究论文以外，还有集体表述、演讲等等。每个大学、每个专业、每个教授的考试模式都不一样，平时考试不是简单的背书考试，而是方式多样，有考试是设计、写论文和查阅课外资料回答考题等等。然而，每个学生进校便接受版权教育，这是加拿大大学共同点，也是不可含糊的地方。每个学生写出来的论文都必须注明参考文献出处，引用话语要注明等等，还要按标准参考文献模式，准确注明出处，否则按剽窃处置。谈到这个问题，得举一个例子。平民出身的时任阿尔伯特省省长简欣，从政期间成绩骄人，是民众爱戴的省长。在他 62 岁就读阿萨巴斯卡网络大学时，一篇 13 页的论文中有 5 页被怀疑有剽窃行为，而这篇论文得了 77 分，虽然也罗列了网络参考资料，但还是被民众举报，连同大学一起被公众责问，报纸也连续报道此事，轰动一时。这种对学术研究严谨态度体现了民众的保护版权意识，对剽窃者不认同的明确立场。

　　除了做项目，还有没完没了的小型演讲，规模有大有小，题目也有大有小。演讲时间长则几十分钟，短则几分钟，根据具体专业和老师教学要求而变动。在中国上学期间，我们这代人没受过专业演讲训练，在读英文期间，因为我连跳几班，也没有经过系统的演讲训练，等到就读专业时，才发现用英文演讲是我的空白部分，也是我的致命弱点。班里共有两个英文非母语学生，我是其一，另一位同学在原国家大学主修英国文学，并在美国外资企业任英文秘书十几年，其余同学都是当地出身长大的加拿大人。可想而知我 40 岁以后学的英文用于演讲所面临的困境和压力。我第一次英文演讲是小组课题：世界著名图书馆概况。幸好课题组的同学们都很友好，也很理解我的压力，在我的要求下，15 分钟的小组演讲，他们包揽了大部分，我只需要讲两句。可为了这两句，我反复练习，生怕拖后腿。第一次演讲成功后，也就产生信心，游刃有余地应对往后的演讲和录像、录音训练，一路学，一路闯，终于熬了下来。毕业前最后一次演讲主题是职业妇女如何平衡育儿与工作关系，为了这次演讲，我准备得很认真，反复练习。演讲很成功，我的进步让老师和同学们吃惊，并获得高分。至今回想起来，依然很感激热情帮助我的同学们和老师们。

除了做作业、写论文，考试和演讲，学习查找资料和做研究，也是各大学教学方案中必不可少的，而做研究就少不了与图书馆和学习中心打交道。专上学院图书馆和学习中心职责不同，图书馆主管协助研究、查借资料，至于图书馆规模、藏书量和开放时间，则按学校具体情况而定，（请参阅"第二篇：全民教育"，文中有提及）；学习中心除了具备协助残障学生和特殊学生的部门外，还有普通学习辅导部门，其中有个别辅导学生作业，提供生活情绪管理建议等。

大学图书馆基本上都是开门早，关门晚，顺应学校课程安排而变动。有的大学图书馆则 24 小时开放，以便学生通宵学习、做研究，有的图书馆会在考试期间延时关门。图书馆是学生"三点一线"生活中的其中一个重点，也是学生生涯中的功臣。图书馆内部按使用功能又可以分为借阅部：供学生借阅资料，有实物借用，也有网络资料借阅；参考资料部：提供参考资料查询，提供研究资料帮助，职员具备图书馆信息硕士和教师资格文凭，讲授查阅资料和列注参考资料标准等；电器技术部：提供电脑、摄影器材和投影器材，有固定台式电脑使用，有用于学习的特殊器材限时借用，职员为电脑或器具专业人员，可提供指导与训练；学习空间：提供安静学习环境、小组讨论房间和用于资讯教学的课室。有的图书馆还额外提供社交休息区域，提供咖啡厅和自由讨论区，以让学生们在学习之余稍作休息。由于网络和资讯科技发展迅速，各大学图书馆在资讯科技方面不断更新，以方便教师和学生们在远离图书馆之处，仍然可以通过学校图书馆网页进行预定、续借、跨馆借阅、在线询问和数据库使用等等。

在大学期间，由于学生心理相对成熟，学业繁重，学生们的着重点转移，因而校园欺凌现象大大减少。学业繁重导致大学生个人心理疏导问题和情绪管理问题增加，偶尔也会听闻校园暴力和枪杀案，会有学生为减轻心理负担和学业压力而吸毒、药物依赖，因此，部分教育经费充裕、条件好的大学会聘请心理辅导员、学生指导员或专业心理医生等等。学校还有学生互助工作组，学生兴趣团体、校报等娱乐活动项目，其目的就是帮助学生减压，丰富学生社交生活，更好地完成学业。我曾就读的学校在考试期间会有很多免费娱乐活动和免费吃喝，比如会在休课时段请来歌手，开校园音乐会，让学生们坐在草地边享用免费小吃，喝饮料，边与同学聊天、听演唱。又或开设游戏活动，请来小游戏团，让学生们在下课后疯玩，开怀笑一会儿，然后回家继续复习功课。我曾与同学参与这些活动，骑电子牛，被"疯牛"甩得不知东南西北，也玩扮演西部牛女，头戴牛仔帽子，手拿木头枪，与同学躲在草丛后面，神态严肃得如同在演西北牛仔片，还免费拍了张相片。女儿看到年过 40 的妈妈如此妆扮拍"萌照"，大笑不止。十年过去了，每想起当初读书情景，我很感慨，同时很感谢加拿大给我如此丰富的大学生活机会，让时光倒流，更感谢我就读的大学。

大学里有不少成长迅速的学生，很懂得时间管理和情绪管理，有建立前途远景的视野。们通过做义工，参加社团活动，扩展社交圈子，建立人脉网络，为将来事业打下坚实人际关系基础。大学生的社交生活除了虚拟的网络，他们更趋向于面对面交往，除了出于情感需要，也迎合精神需要。由于大学生们忙于学业和工作，除了室友，平时难得机会与朋友们见面，因而周末、节假日会成为交际时间，学生们或成双成对，又或三五成群，外出喝酒、吃饭、运动、郊游等，享受休闲时光。

每个大学和学科的学费不尽相同。由于政府拨款不足，近十几年来，大学学费增长迅速，招致学生不满而聚会、抗议的事件增多。幸好加拿大政府在 1998 年 1 月 1 日颁发了对注册教育储蓄给予奖励补贴政策，也就是常说的"加拿大教育储蓄金计划"（Canada Education Saving Grant），让年龄在 18 岁以下的加拿大居民享有 RESP 储蓄帐户，政府按规定给予补助，作为日后读大学费用，以鼓励年轻人接受高等教育。然而，即便是每人在存款总额达到最高值，并得到政府全额补助的 7000 多加元，也还远远不足支付大学四年费用，因而不少家庭没有经济负担能力的大学生，又或是独立而又不想给家里增添负担的大学生，会利用课余、周末和暑假去打工，在赚取学费和生活费的同时，也为日后走出校园、进入社会打下坚实基础。我很赞欣赏这种读书与工作同时进行的模式，我与女儿都是如此走过来的，深有体会。女儿在大学四年级和读硕士研究生期间的学费和生活费，全是她在全职修课之余，做几份工作来支撑，其工作有助教、辅导员、研究助理和校报插图编辑等等。我在读书期间也是利用周末和假期打工，既锻炼了自己，又保障了生活和学习费用，虽然很辛苦，但也有收获，非常感恩。

总之，走进大学之前要有成功"走出"大学的雄心，也要做好承受失败"溜出"大学的准备，至于是大摇大摆地拿着学位光荣"走"出去，还是半途而废"溜"出去，又或是无可奈何"暂停"学习，则是对人生态度和能力的严峻考验。无论如何，加拿大大学永远都会对喜欢学习和勇于挑战的人敞开大门，没有年龄限制，没有等级约束，更没有走后门机会，只要想读书，总有机会。我现工作的学院就有一位因病截肢的学生，只有右手功能正常，她已年过70，每天得靠电动轮椅代步，但她学习态度和人生态度很积极，常见她开着轮椅车在学院出没，非常感人，有时我会与她闲聊几句。

6、留学生活

由于加拿大公立专上学院教学质量高，资源丰富，学习环境好，因而吸引不少来自世界各地的留学生，加上本土学生多是移民后代，不同族裔学生四处可见，是名符其实的国际学校。公立学校管理规范和完善，信誉也相对好，但有些私立学校管理混乱，虚设外表。

为了节省时间和金钱，当你准备留学时，请认真辨别和选择诚信好的留学中介公司，避免那些只追求利益，做虚假广告，编写虚假大学介绍，甚至连骗代哄的留学中介，与此同时，要选择合适的学校，除了比较学费、教育质量、课程、专业和地点以外，学校诚信和服务也很重要，最好是在计划留学和选校前亲自到访一下学校，亲历学校环境和气氛，向在校学生了解学校情况，以减少将来入读该校时因被虚假广告欺骗而造成的损失。留学前要谨慎选校，如果选择私立学院，则要多方面了解情况，以免失财费时，花了金钱和时间，却得不到被承认的文凭，尤其是在温哥华留学重镇，私立学校比比皆是，鱼目混珠者不少，个别私校打着几十年建校历史，也往往是虚有其表。

　　我曾无意打开一个中国大陆中介留学网页，他们介绍温哥华一所处于市中心的私立小型学院时，移花接木地把美国一间名字相似的大学校园图片帖在这所私校介绍网页，再加上温哥华的美景图片和子乌虚有的科目，并承诺就读此学校副博士毕业后可获得移民资格等等，把一间号称几十年历史、学生连闲坐的校园草坪都没有的私立学校吹得天花乱坠。后来，我暗地采访这间私立学院一些学生，方知这学院骗招了不少来自世界各国的学生，教学质量和设备远比不上广告所吹嘘的。有的学生感觉被骗后转学，有的学生对学校工作人员业务水平和服务态度怨气满天，有的学生无可奈何继续读书，以期毕业后可以办移民，留在加拿大，有部分学生为了积累将来入读公立大学的学分而忍了下来。后来，我又采访一些这个私立学院毕业的学生，跟进他们是否获得相应工作和移民资格，有不少学生告诉我，他们得继续到其它公立学院或大学读书，以取得含金量高的文凭，为找到专业工作和移民而延长留学生涯，损失不少金钱。2006 年温哥华"私校风波"也是缘起欺骗和颁发未经政府承认的文凭。温哥华除了以旅游业为主，留学和游学也是温哥华主业，加上省政府对私立学院监管不力，导致温哥华私立学院存在不少漏洞，虽有些私立学院被政府勒令关闭，但还是有一些私校巧妙逃避政府稽查，且教学水平低下的私立学院依旧存在，继续欺骗国际学生，误人子弟。如果非要在温哥华留学，除中小学外，我建议留学生们重点考虑公立的专上学院，即便是语言学习课程，学习设备、教学模式和师资质量等等，都会有保障，且辛苦学习后所得的文凭会受到公认，对将来找工作或入读大学本科、研究生等很有帮助。

　　选好学校以后便是做好离家到异国读书的准备，除了金钱方面的准备，了解异国教学模式和生活状况，做好心理准备也很重要。离家留学，所面对的压力要比在加拿大出生或成长的学生更多，挑战也更大。留学生们要面对离家后的孤独与思乡，面对教学模式的差异和社会环境变更，还要承受行为无管束后的过分自由等等，这一切会直接导致留学生身心疲惫，因而，交际便成了留学生们首先想到的自救方法。留学生登陆后不久，很快就有了自己的交际圈子，尤其是近年来"不差钱"的中国留学生，经济条件优越让他们时常凑到一起，外出吃饭，又或从攀比名车名包中获得安抚。或许是太容易产生共鸣，不少中国来的留学生在大学期间，几乎走不出中国学生的交际圈子，这是可以理解但不是明智的做法，尤其是家境优越的学生，很容易陷入攀比和堕落生活怪圈，依旧沿用中国模式在异国生活，制造出不少荒诞的生活悲喜剧，成为人们口中的"留学垃圾"，既浪费了珍贵的留学生涯，又浪费了父母的钱财。所以，当留学生选择交际圈子时，圈子内的朋友很重要，这是在加拿大留学第一课。

20 多年前从中国出来的留学生，他们努力考托福或 GRE，靠自己努力奋斗完成学业。当时的留学生普遍家境不富裕，囊中羞涩，而留学政策只允许学生在校园内有限的商店打工，不少学生靠拼命打工赚钱，又或努力读书争取奖学金，主要精力也都放在学习上，生活和工作能力也强，是"洋插队"，根本不可能买豪车炫富，交友问题也不是主要问题。现从中国来的留学生多是家庭比较富裕、从小受宠的独生子女，当入读大学一年级时，多数可以入住学校公寓又或是学校安排的寄宿家庭，第二年以后，除了学业压力，学生还得面对自己找房子、合租、水电、暖气、交通等等迎面而来的问题，时间和心理管理问题便被提上日程。不可否认，有的学生悟性很高，迎接挑战能力和适应能力也很强，很快便在新环境下建立社交圈子，学会基本生活技能，学习进程也正常，成为留学生中的佼佼者。

去年，我在公车上无意听到两位留学生聊天，内容是他们来到加拿大后的感悟和变化。其中一个留学生来加拿大一年后回国探亲，父母觉得他变化很大，懂事了很多，都非常吃惊。他说自己原来在北京时是一个捣蛋鬼，三天两头闹事，折腾老师和家长，没少挨父母骂，最后父母实在拿他没辙才把他"扔"到加拿大来。在没有依赖的环境下，他熬了下来，也渐渐悟醒，开始反省，并逐渐改变自己。这孩子最后还说自己以前简直就是个"王八蛋"！我听了既感慨，又欣喜，为这孩子和他的父母高兴。然而，并不是每个留学生都能在新环境下健康成长，他们或多或少都经历挫折和伤痛，有的留学生挥霍父母的钱来医治伤痛，弥补空虚，有的则用恋爱来减轻孤独。我有一位留学生朋友，现已经学成回国了，从她述说中知道不少现代留学生们的故事。他们都是父母们通过留学中介来到加拿大的，年龄在 17、18 岁左右。他们刚来留学时稀里糊涂，被安排在温哥华岛上一个私立学院。一天，其中有一个同学不知到哪弄了部车，便载其他四个同校留学生出去玩，路上出了车祸，车全报废，幸好大家只受轻伤，惊吓一场。三年后，当这位年轻朋友回想起那次车祸，依旧心有余悸。他们全是独生子女，司机当时刚考了车牌，没有买保险的情况下如此玩命，实在是疯狂举动。后来，这位年轻朋友又告诉我其他一些留学生们的故事，包括争风吃醋，抢别人老公、忧郁和闹自杀等等。为人母的我很理解这些年轻朋友的苦衷，也理解他们父母的担心。

在学院图书馆工作，让我有机会接触不少来自世界各地的留学生。除了提供专业服务外，会自然产生一种长辈般的体谅，一定程度上给予他们鼓励和关心，因而，当我走在城市街道、商店和咖啡厅，都会遇到学院里的留学生，他们会特意过来问候，有的还调皮地与我玩闹，有的向我述说思乡和学习苦恼……

现代留学生活不尽是坦途，即便很多富裕起来的家庭不需要为钱财发愁，不需过多考虑前途，但学业繁重和语言水平欠缺，会成为留学生们最大的压力，加上独立生活后，要与柴米油盐打交道，压力又会叠加。因此，不管是中学留学，还是大学留学，都应该做好留学前准备，诸如打好扎实语言基础，学习做饭菜和做基本家务，学习时间和金钱管理，建立安全和健康意识等等，以增强留学期间抗压能力，提高学习效率，走向理智成长之路。

7、终身学习

为了适应社会发展，提升全民文化和生活素质，各界学者们主张终身学习。政府提供有利条件进行全民教育，创造外围学习气氛，尤其是在信息技术飞速发展时期，终身学习便被民众提到日程上。虽然加拿大国民受教育程度与比例很高，但随着社会环境变化，科技发展，原有的知识变得不够用或落伍，因而提高和更新个人专业水平成了在职人员的重要学习任务之一。对于新移民、失业和待业人员，政府也拨放专款，设立专职部门，开设语言或专业培训课程，让他们有机会学习，以适应工作市场要求。而公共图书馆也会不定期举办各类型讲座，以更新和教授新知识。有的大学还拨出资金，为老年人就读大学提供学费援助，又或是不设入学年龄限制，鼓励人们回炉修读课程，让更多人获得终身学习机会。

由于退休年龄延迟，且各专业知识和技术要求也不断提高，因而不少条件好的工作单位会拨出专门款项培训员工，经济条件不充裕的公司也会在一定程度上鼓励员工学习。但无论单位有没有专门时间和经济支持，知识更新和继续教育还是归属于个人的终身学习范畴，以适应工作环境要求。20多年前的加拿大，读完高中找工作不是难事，大学本科毕业教小学和中学也常见。现在的高中毕业生想找一份办公室工作，机会渺茫，因为经济不景气导致失业率高，加上退休年龄延长，职位空缺率低，大学毕业生当收款员和餐厅服务员的人比比皆是，即便是一个普通清洁工，也要去接收专门的证书训练课程。现在的小学和中学，具有硕士学位的老师不少，有的中学开始招聘具有博士学位的老师，至于校长职位，不管是小学、中学和大学，拥有博士学位已是常事。我曾工作的一个公立大专学院，有些教第二语言的老教师只有本科学历和教师文凭，但新政策和形势下，不少年过 50 但距离退休年龄还遥遥无期的老师，又得利用课余时间继续修读研究生学位，而有的部门主管，如果没有博士学位，还得继续修读第二个研究生学位。表面上看，专上学院教职员工的工作压力不大，实际上，那种不断学习、更新知识、提升自己的隐形压力无处不在，有的职员适应力差，信心不足，因而遑遑不可终日。

　　加拿大工作场所不尽是提倡终身学习的地方，也有反例。我曾短期工作于一个私立学院，情况则与公立学院很不一样。或许之前我在一个大型公立学院工作，当进入这个私立学院时，被他们不规范管理和落后科技技术惊呆，更被其教职员工"专业发展"进修日的内容惊呆。例如，我刚在另外一个学院学完"微软办公软件 2010 版"，到这个私立学院图书馆工作时，他们居然还在用"微软 2003 年版"办公室软件，且一些同行们居然没受过基本电脑知识训练，更没有加拿大图书馆专业课程训练，因而对于学生询问的简单电脑问题无从帮助，更别提专业工作水平。在这种私立学院环境下继续实行自己的终身学习计划和改进技术，所遇到的障碍和整体教学质量可想而知。虽说这只是加拿大个案，也基本局限于管理水平低下的私立学院，只是加拿大阳光照不到的区区一个角落，但也非鲜见。

　　回想十几年前，当我终于可以稳定下来，到语言学校学英文时，已是年过 40，幸好班里都是新移民，年龄、肤色和背景参差不齐，也没有感觉特别。可当我要回国办理高中和专科学习成绩单公证时，国内亲朋好友都觉得诧异，尤其是回到就读的高中母校和专科母校，管资料人员几乎被我吓着了："这么大年龄还去读书？国内这个年龄的女人几乎都在准备下岗或退休了！"幸好我妈妈理解和支持，才不至于反被他们吓着。开学前，我心七上八下，担心自己是全班最老、英文最烂的学生，担心自己毕不了业。即便不是在异国用非母语上学，毕业 20 年后再进入学堂，确也需要勇气。当我诚惶诚恐走进课室上第一节主课，老师要求每个同学自我介绍。听罢同学们的介绍，我悬着的心稍微放下一半：班里还有两个比我年龄大的学生，他们是本土加拿大公民，原学历背景也很有意思。一位同学约 52 岁，30 年前大学化学本科毕业后做了多年专业工作，而后转教钢琴和教小提琴，接而觉得还有一个梦想是在图书馆工作，于是便成了班里年龄最大的学生。其他几位比我年龄大或同龄的同学，其专业背景也很丰富。听到他们自我介绍，我觉得自己有了学习榜样，读书劲头又大了许多。工作以后，我又断断续续修读其他一些与专业无关的课程，包括网络课程，这勇气全来自于加拿大的"终身学习"观念和生存意志力。

加拿大大学入学不设年龄限制，只要达到学校和专业入学要求，并按学校要求修满学分，达到毕业要求，便可与年轻学生一起毕业。有的大学还鼓励老人返校学习，特为年过 65 岁设立减、免费课程。政府也有老人使用个人退休储蓄基金税务优惠政策，以鼓励老人提用部分个人退休储蓄返校读书。今年夏天，我心血来潮地买张票，坐火车去旅游，车上遇到一位老先生，在读着一本厚厚的书，于是我们聊书，聊学习。他已经退休并搬到温哥华岛，空闲时周游世界，又或回学校上课。在聊天中他告诉我维多利亚大学有不少免费课程，许多退休搬到岛上去的老人会去那里上课。途中十几个小时，与各种各样的人聊天，这种旅游与聊天也是一种终身学习的方式。

对于忙碌者，网络课程也是一个很好的选择，除了可以掌控时间以外，也可以节省奔波于路上所耗去的时间，同时，还可以在讨论中，向来自不同背景的同学学习其它知识，这是网络学习的额外收获。我曾参加澳大利亚的一些免费网络课程，第一个课程是"世界音乐"，我选这门课是因为自己喜欢音乐但又不懂音乐。修这门课的有来自世界各国、背景各异的学生，有的学生与我一样，对音乐理论一窍不通，有的则是音乐工作者。在学习这门课的讨论过程中，有的同学还介绍了老师没涉及的一些国家民族音乐，并介绍网络链接，分享和体验，这是意外收获，讨论热烈而有趣。由于加拿大网络使用自由度很高，只要语言水平过关，时间允许，便可以随时修学网络课程，至于是否收费、是否授予学位和考试与否，这得看个人情况而定。无论如何，修读网络课程是我最爱，现除了花两年时间认真修完一个文凭课程，还在陆续修读自己喜欢的非文凭和无学分课程，并乐此不疲。

社会猛迅发展，被淘汰还是迎面而上去适应，这取决于对"终身学习"的态度和人生目标的追求。生命不止，学无止境，永远不要说太晚学习，加拿大给人们平等学习机会。

第四章 工作篇

1、职业选择

加拿大人有很大的工作或学科选择自由度，但是否如愿达到预期梦想，这是受多方面因素影响。有些年轻人高中毕业时不明确自己将来要做什么，有些本科毕业生也还在为自己到底想做什么而烦恼。加拿大成长的成年人也会面临这些问题，只是由于相对成熟，困惑和变化都会小些。

于新移民来说，找工作比选择职业问题重要。因生存问题紧迫，加上语言优势低，职业选择自由度比当地人小，职业选择变得不乐观，只好为生存而工作，于是出现原籍博士开的士，教授级医生做护工的情况。富翁移民因资金雄厚，不愁吃穿，不需要面对这个问题。

虽说加拿大也有不少普通职位招聘时注名只需要高中 12 年级毕业水平，但由于大学毕业者增多，而职位不足，所以，暗中的文凭竞争因素会存在。由于多数职位都需要受过专门职业训练或者学历认同，且读专上学院需要交学费，加上时间和精力的付出，这便要求学生就读前考虑清楚自己是什么性格类型，到底想做什么工作，对收入期望值如何等等，面临着选择将来职业的问题。幸好不少省分都设有专业咨询员，有专业指导手册和网站等等，并可以从指导中大致了解将来职业所需的学历要求和开设对应专业的专上学院等等。

在选择未来职业以前，不妨先来个简单自我测试，用一些关键词语来检查自己趋向于什么类型的工作，比如：与陌生人相处，与数字打交道，与孩子们一起，解决问题能力，面对困境承受能力，喜欢学习新东西，与熟人一起的适应程度，时间和空间管理能力，旅游与工作结合，守时程度，创作能力，语言编写能力，开车水平，计划能力，思考和建议能力，研究能力，领导能力，帮助人的心愿等等。当自己选择了将来工作方向，便可以开始到职业网站寻求更准确详细资料，了解相应的工作需要什么学历和资格，然后通过网站指点与链接，进入专上学院网页，了解所学课程和毕业后工作领域，再次检查和确认自己所学的专业。当检测完这一切，初步确定自己将来想从事的工作，接下来就是检查这个工作在你现住或将来居住区域的就业市场情况。

以阿尔伯特省政府学习与事业指导网站 ALIS（www.alis.alberta.ca）为例，有专为高中生设立的栏目，有为专上学院学生设立的栏目，也有为重新就业人员设立寻找新专业方向栏目，有为继续学习、提高已有工作技能的在职者设立的栏目，还有为正在找工作者设立的栏目。各个栏目会有相应指点、链接和研究调查数据，条理清晰，指导明确。

例如，打开专上学院学生网页（Post-secondary Students），首先看到的是"寻找你的路径"（Finding Your Path）：

- 计划你的专上学院学习（Plan Your Post Secondary）
- 寻找学校和专业（Explore schools and Programs）
- 申请入学和服务（Apply for Admissions and Service）
- 转校和转专业（Transfer School and Programs）
- 专上学院学费（Pay for Post-Secondary Education）
- 计划修读研究生（Plan for Graduate School）

在以上每项里，又会有更详细的指点，协助寻找更精确信息和实行步骤，以确定自己将来的职业定位。除此外，在其它栏目也可以找到相应职位在阿尔伯特省的就业情况和薪金范围，有自我测试资料以及找工作有关的电子报刊，有其它工作网页链接等等。我在阿尔伯特省大专学院工作时，常推荐这个网页给学生，也是我寻找专业方向时期曾经访问的网页。

除了阿尔伯特省以外，其它各省也有相应的择业计划网站，有类似的详细指导。如果想获得文字信息以外的选择职业方向忠告，不妨询问周围朋友，又或到自己心宜的工作场所和学院专业联络人处咨询，寻求更具体、更准确信息，帮助自己做出正确选择职业的决定，以节省时间和金钱。

2、寻找工作

无论执政党如何努力，这些年加拿大失业率依然维持在 6.8% 左右，而退休年龄延迟，导致年轻人就业难，因而找专业工作成为他们的首要问题，尤其是刚大学毕业、身背学生贷款债务的年轻人。除年轻人外，中年人也面对职业变迁、退休年龄延迟，老年人面对物价上涨，退休金减缩，无奈重新投入劳工市场，加入找工作行列。

据加拿大统计局一份关于 1976-2014 年各年龄段全职就业报告分析结果表明，17 岁-24 岁组（非自雇）由 1976 年为 73%，2014 年为 56.8%，增长率为-16.2%；25 岁-29 岁组（非自雇），1976 年为 81.2%，2014 年为 71.2%，增长率为-10%；30 岁组-54 岁组（非自雇），1976 年为 74.7%,2014 年为 64.9%，增长率为-6.8%；55 岁-64 岁组（非自雇），1976 年为 56.8%,2014 年为 43.1%，增长率为-13.6%。从原始统计资料得知，自从 1976 年以来，尤其是 2007 年以来，加拿大非自雇全职工作率大幅度下降，尤其是 17 岁-24 岁组，下降幅度最大，这表明这个年龄段的人面对更大的工作挑战和寻找工作压力。

不管是刚毕业的学生，还是新移民，又或是失业和转工作单位者，找工作本身就成了一种"日常工作"，必须具备"打持久战"的决心和信心，必须学会自我鼓励，否则在加拿大尤其是某些省分就业率低下、机会不多，经济低迷的大环境下，很容易失去勇气，又或悲观失望、自暴自弃。所以，找工作第一步是调节心态，做好受挫折的心理准备，有的冷门专业找工者还得具备百折不挠精神。

除了平时建立人际关系网，从朋友处打听招聘消息，参加职业招聘会，登门派发简历给用人单位以外，报纸和网络也是主要找工作途径。无论是有名气的大报纸，还是免费的当地小报，都免不了会有分类广告版，而广告版里或多或少会刊登招聘广告，网络上也有官方职业指导网站、私人招工网站和一些大公司、单位网站附带的招聘网页。除此以外，还有不少中介服务公司，专门帮人找工作，但这些公司会从用人公司中收取费用。还有一些服务行业的小单位，为了节省广告费用和简化程序，干脆在商店门口贴上一个招工启示，以吸引路过的人，但随着近年网络猛迅发展，人们趋向于在网络免费刊登招聘广告的方法，因而这种贴招工启示的现象少了很多，偶尔会见到小餐馆或小商店用这种方法，且老板多是忙于工作，又或不熟悉电脑操作者。

在经济不景气时期找工作是对耐性的考验，有人在短短半年内便投出 200 份简历，且都是有针对性的申请，幸运者会在投出十几份简历以后便有了面试机会。不管使用什么方法和途径找工作，时间长了便会很容易忘记投出多少份简历，申请多少份工作，更会影响情绪和信心，因而，为了避免记忆差错而失去所获得的面试机会，简历和申请工作的资讯管理很重要，同时要进行自我心理调节。我建议建立一个简单的电子表格和文件夹来管理工作信息和档案，以便日后查询。例如建立表格包含所申请的公司名称，公司网页和招聘启示链接，投简历时间和申请职位，联络电话和电邮地址等等；文件夹则用于存放毕业文凭扫描、与工作有关的证书，简历和求职信原件，这些文件又可以按时间和职位等分类、命名。

　　除了自己找工作，还尽可能借助一些特别辅导部门。有的地方政府会拨专款，建立协助失业人士找工作的机构或部门，专门培训指导员来指导人们找工作。在拨款充裕的情况下，有的部门会办起再就业培训班，培训转职或被裁员的失业者，让他们有机会更新专业知识，学习新知识。有的机构是专门培训招工技巧，有的是通过资格评审后获得免费学习机会，有的则需要收费。不管形式如何，效果如何，得看举办培训班部门的管理水平和服务水平。有的职员很有职业水准和道德规范，培养学生也很有成效，但有的培训部门管理水平良莠不齐，员工们只是在乎表面的业绩，做着表面工作，力保自己的岗位不被裁减，纯粹是在浪费政府钱财。

　　我以前没在意这类协助找工作部门，当搬来温哥华时，虽说已经在加拿大其它省生活了十几年，但温哥华给我的感觉不完全像加拿大其它省份那样保持本土性，倒是更趋于多元化和移民组合，这于我是新的功课。为了融入和了解这个城市，我积极参加各类讲座和活动，结识了一些工作人员，参加一个政府出资的求职培训班。刚开始还觉得很新奇，课程内容有如何写简历，如何找工作，还有简单电脑培训等等。班里有 12 个学生，有刚高中毕业的年轻人，有在家相夫教子十几年以后再出来找工作的中年女人，有被裁员而失业的中年男人，有来自其它国家但英文达到入学要求的新移民，也有像我这样从其它省搬过来的学员。讲员经过专门培训，知识水平都不错，但获得政府拨款而承办培训班的非牟利组织整体管理水平却很让人失望。由于他们的管理水平有限，且专管培训班的联络员素质欠缺，以致与我们这期培训班的同学和管理人员发生矛盾，几次产生冲突，既伤了学员的自尊心，又损害了承办单位的名声。培训后，政府要追踪调查培训效果，据了解，我们回馈信息和对这个承办组织的总体评价不高。

　　后来，我又去参加一个提高专业知识水平的培训班，情况就完全不一样。这是一个挂靠于公立社区学院的培训班，每期三个月，每门课都需要严格测验和考试，不及格就被淘汰，淘汰率之高让人不得不打起十二分精神，不敢怠慢，直到完全通过并得到学院颁发证书。有的班从入学时十几个人，到毕业考试时只剩下一个学生，老师也只面对一个学生出题考试。这个培训机构虽然严进严出，对学生出勤率要求很严格，但其管理有序，教学严谨，确实学到不少新知识，超出我的期望值。在没毕业时，我按这培训班教的写简历方法找到了专业对口工作。

在两个培训班中，除了学到找工作途径和技巧，知识得到更新和提高，还学到了如何建立和充实简历内容，以及撰写简历语言等实用知识，确实是得益于政府的协助。

3、撰写简历

由于工作市场竞争激烈，有时一个招聘职位就可以引致几百或上千人申请，大部分简历在第一轮淘汰中出局，有的只是被扫看一眼便到了回收桶或碎纸机，幸运的几个被一再挑选后，选出几个参加面试。至于谁是留到最后获得工作机会的，除了真正实力、面试情况良好以外，首先要赢得第一局：争取吸引招考员初次扫视简历的头几秒钟！要把自己推销出去，首先要把自己"包装"好，把工作简历和求职信这块"敲门砖"塑造好，此外，简历也是将来面试时的文字"助理"，也是招考员选择侯选人作决策"参谋"。

"工作简历"英文名为"Resume"，从法语借用来的词，是简单介绍和总结自己与工作有关的教育背景和经验技能。工作简历格式如何？简历包含什么要素？如何建立你的简历？如何让你的简历脱颖而出？由于劳工市场多变，职位要求不同，每个招工部门负责人个性也不尽相同，因而在格式和要求上会有不同，以下建议只是简述基本问题，仅作参考。

无论什么职位和工作，其工作简历包括以下几个基本元素：

1) 申请人联络信息（Contact Information）：姓名，电话，电邮和家庭地址。

2) 所申请的工作职位（Objective）：工作职位名称以及招工启示中所注明的职位代码。

3) 特殊技能（Special Skills）：与职位相关的特殊工作技能。

4) 专业经验（Professional Experiences）：以往工作经验和现今工作经验，并注明以往工作单位所从事职位和时间。如果所做的义工与专业某方面相关，也可以在此栏或另立一栏（Volunteers）列出来。

5) 教育背景（Education）：由最新近完成的教育开始列出，包括专业和学历、学校名与地点，就读时间。如果学位和接受教育项目很多，则选择与所申请专业/职位相关、按时间排序，新的排前，旧的排后。

6) 亮点或成就（Highlights or Accomplishment）：列出值得自豪的成就和奖励，不一定是与专业有关的，目的是以此来证明申请者的能力以及比竞争对手更强的优势。

7) 如果申请服务性质强的工作，简历也可以写上别人或顾客对你的工作评价。

8) 推荐人（References）:由于篇幅关系，多数简历没有直接注明推荐人具体信息，但会注明"如有需要，可提供推荐人信息"（References available upon request）。

由于加拿大劳工法律规定招聘过程公平，不能歧视，所以在简历中不必注明年龄、性别、族裔和婚姻状况，以避免遭到怀有歧视心态的招聘员不公平对待，又或心怀不良企图。

当你准备好所有撰写简历基本资料以后，便可以在网上和书上寻找一个最能体现你优点的专业简历格式，用专业语言编写简历，突出自己的优点与强项。毕竟竞争者多，简历在第一时间内吸引招聘员，是成功"脱颖而出"的第一步。

由于招工者面对成百上千的简历，初审时分给每份简历的阅读时间非常短，可能几秒钟，可能一分钟，因而，为了不在初审时被淘汰，除了格式以外，简历的长短很重要。简历的长短，得看工作职位、要求，又或者看自己准备用于写简历资料的多少而定。比如一个刚从大学（高中）毕业的学生，教育和工作经验不会很多，所找专业工作要求不是太高，简历可以写一页；普通专业工作如果工龄 10 年以内，建议选择最有代表性的亮点来撰写一页简历；工龄十年以上，尽量限制在两页纸；而申请高级职位或研究类型职位的简历，则根据具体职位要求和个人情况而定，可以写 3 页以上。一位朋友在加拿大某著名大学就读时，曾在办公室作半职文员工作。一天，当一位负责招工的主管让她帮忙复印应聘教授职位者的简历时，她粗略扫视一眼，非常吃惊：这些人的简历多达 7 页纸，且教育背景、工作经历和研究成果惊人，实力雄厚。可见，申请高职位工作，招聘者会付出多些时间阅读简历，而申请者则需要付出耐心，撰写自己最具竞争优势的工作简历。

在加拿大，工作简历不仅是"写"出来，而且还要费心思和行动去"建立"。建立简历需要时间和过程，这对寻找工作者非常重要。刚从高中毕业的学生没有太多工作和学习经验，因此，做义工是一个建立简历的最有效途径，打工也可以作为初始工作经验；专上学院毕业生在教育方面有了一定的优势，但依旧不够，还可以业余继续修些课程，让简历中"受教育"这项内容更加丰富，也让招聘员感觉到应招者的人生态度和学习态度，同时多参加与专业有关的义工和社会活动，如果有与专业有关的工作，千万别放过，即使只是短短几个小时，也是一段很好的工作经历，可以让简历带领应招者向未来职业迈一步。至于新移民，由于很多原国家工作经验和学历不被加拿大承认，因此，其处境几乎如同高中毕业生。如果英语/法语水平高，则还好些，如果从基本语言开始学起，则建立简历的路子会更长些，必须得在工作经验和教育栏目着手，通过做义工和从事普通工作开始，建立第一份工作经历，同时积极参加语言学习班，努力获取证书。如果有信心和毅力者，则可进入正规学院学习，获取专业文凭和学位，为重新进入专业领域打下理论基础，并添加本地教育背景。

我在中国工作十几年间，只在两个单位工作，且那个年代是国家分配工作，即便调动工作也是内部交转档案，档案跟人走，所以根本不知道简历是怎么回事，更不懂如何写简历。当在加拿大写第一份简历时，我还得借助有经验者的帮助，把并不多的加拿大经验凑进去，勉强写出一页纸的简历。我从第一份不足一页纸简历开始，通过读书、做义工，打工，逐渐丰满和建立我在加拿大的简历，这是一个艰难而又充满挑战的过程，所付出的代价也是很高的。随着时间推移，工作和受教育机会增多，可以写的资料也增多，我的简历已经超出一页，于是，我得开始挑选和裁剪，保持与专业相关的资料。而后每次搬家、重新找工作，我都得修改简历，增加新的，减去相关性少的，尽量保持两页纸简历和一页纸求职信。

加拿大的工作简历是用行动"建立"起来的，需要进行前瞻性计划，尤其是新移民，在原籍多数经历和学历不被承认的不利状况下，要一点一滴地、有目标地积累，逐渐达到劳工市场要求，从而可以在新国家立足。

4、面试技巧

如果你得到面试机会，好友们为你高兴的同时又会为你捏把汗：已过了三关，有机会斩六将了。至于是否能成为"笑"到最后的人，除了内在经验实力，面试是很重要一关：把握机会把自己"推销"出去！面试机会几乎是百里挑一的结果，是找工作过程中最后也是最关键的一步。有不少书和网络都有谈到面试技巧和注意事项，各有各的说法，在面试前参考一下，选取一些与自己相关的忠告，是明智的做法。

以下我谈论几点在面试前、面试时和面试后需要注意的事项。

1) 服装：要准备一套正式职业服装，款式视你所申请的工作而定。服装以舒适、大方、不招摇为基本，首饰和打扮简约，不要喧宾夺主。但服装也不是一成不变的，如果是求职于具有艺术创作类或酒吧服务员，那着装要有所变化。服装的重要不仅是获得对方的尊重，同时也是给面试官留下一个好印象。

2) 地点：在面试前先弄清楚面试具体地点。有条件时，可以先去"踩点"，了解如何到达，开车和坐公车路线，停车或下车地点。

3) 时间：面试时一定要准时到达，这是第一印象，且面试官一般都很忙，为此特别安排时间也不易，尽量避免迟到。最好提前 10 分钟到达，熟悉外围情况或工作环境，同时让自己提早感受氛围，进入角色。如果有条件，可以提前悄悄去观察面试地点（不必进去），大致了解路途所须要的时间，交通状况和停车地点，以便计划出门时间。在交通状况差或者繁忙路段，最好预备充分时间，以备万一塞车情况发生时依旧有足够时间应对。

4) 对所求职的单位做必要的研究。可以到网上查询公司背景和面试官背景，查询自己行业最新动态，也可以向朋友或公司接待员询问，既帮助自己了解公司（单位）状况，又可更好地应对面试官的提问，做到胸有成竹，谈吐自然。

5) 回答问题：可以到网上、书上或朋友处了解面试官可能会问的问题，纪录下来，并写出和整理自己的答案，然后自我练习或找朋友一起模拟面试练习，征求朋友意见。如果对自己的记忆力和口头表达能力很自信，则可以免去这一步。回答问题时的语气、表情、速度和姿态都很重要，即便面试官很随意，求职者依旧要保持礼貌、自信和尊重，对不明白或不知道如何回答的问题，尽量灵活，巧妙化解，并纪录下来，以便将来有机会作答，或为将来面试作参考。

6) 准备面试询问的问题。一般正规的面试都有让求职者提问的机会，如果求职者把这个附加表现自己的机会丢失，又或者提不出问题，这会给面试成绩打折扣，因而在充分准备回答问题的同时，也要充分准备提问题。所准备的问题要有一定水准，提问也要讲究技巧，力求给面试官留下专业工作者印象，又得到所需的回答，这也是一种面试技巧的磨炼与考验。

7) 准备推荐人资料：一般来说用人单位会要求准备三个推荐人的简单联络信息，包括姓名、工作单位、职务和联络方式等。推荐人可以是前老板或主管，也可以是老师等等，但一般都是那些给予你肯定和好评的人。

8) 感谢信或感谢卡：在面试完以后，别忘了邮寄一封简短的电邮或卡片给面试官，以感谢他们给你面试机会，感谢他们为你的面试所消耗的时间。感谢信和卡片除了给人一个善于感恩的印象外，还会帮你再次提醒面试官，让他们在面试几个人以后再次回忆你的名字。有时在面试官举棋不定，难以决策时，你的感谢信或许会帮你赢得临门一脚的机会。

　　我在阿尔伯特省居住时，找工作一直非常顺利，尤其是找专业工作时，其顺利程度连我自己也不敢相信。当我还没有毕业时，原本想到附近学院找义工机会，没想到图书馆有一个周末职位空缺，正在招人。我在没有任何加拿大专业求职经验前提下，以初生牛犊不怕虎的姿态，稀里糊涂进入面试阶段。或许当时没有太多心理压力，虽然口语能力还不是很好，但由于心态自然、放松，以真诚的态度回答每一个问题，像是在与好友聊天，没有任何压力。当时有三个面试员，轮流问问题，分别做纪录，历时一个小时，可我却一点儿也不紧张。或许是我的真诚回答和在新国家从头开始的经历打动了面试官，我很顺利得到这份专业工作。后来在同一个部门不同时段推出不同级别的职位招聘，我都顺利过关，不断升级，获得理想工作。虽说当时没有学习过太多面试技巧，但我的自然、真情表露，恰好符合当地纯朴民风，也符合面试官的品味。得到工作职位后，我在那个单位兢兢业业工作几年，以表对单位招聘我的感恩，同时也想证明他们招聘我是明智选择，是招对了人。

　　因家庭因素，我 2011 年搬到温哥华，一切又重新开始。或许是大城市、且族裔繁多的原因，民风不如阿尔伯特省人纯朴，人与人之间的关系明显带有都市的冷漠痕迹，可悲的是，这种痕迹也表露在招聘和面试的具体场合。记得我刚来温哥华不到三个月便得到一次在大单位专业面试机会，当时我还没有受过正规求职、应聘和面试训练，也不了解温哥华地形，不知道城市的东南西北，因此，我老老实实提前"踩点"，在面试那天也提前 10 分钟到达。由于当时刚好是冬天，被新环境的过敏原折磨得咳嗽，但又不敢吃抗过敏药，只好迎头而上。一位女面试官，印象不错，很有礼貌，是属于人力资源部门的人。另外一位是招聘职业所在部门的主管，一个戴着耳环的中年男子。他见了我，只客气打了个招呼，应付式轻轻握手，眼神流露出冷漠。说实话，来加拿大十几年，第一次遇到如此冷漠的专业人员，且是在面试时候，我心里打个寒战。在面试时，由于会议室温度低，更加重我咳嗽频率，便喝他们提供的凉水，喝完后全身更冷。写作者的习惯让我随时随地注意观察人，我边回答问题，也边观察他们：人力资源部女职员眼里流露出同情，而那位部门主管却表露出不耐烦和阴冷，同时也显得漫不经心，不尊重我的时间。看到这情形，我打算放弃：我不希望将来的顶头上司像个冷血动物，更不信任这样冷漠的人能领导出一个团结、热心工作的团队。我完成面试后，自我感觉也不好，推荐人名单也没给他们，便离开了面试的场所，一定程度上是放弃这个机会。当然，我也没有得到那份工作，但我不觉得丧气。那次冷漠的面试气氛于我是一个很好的学习机会，也让我开始调整对付大都市人的心态。

后来几次面试，有成功得到职位但因种种原因而放弃的，有面试成功，获得工作一段时间后觉得不是自己想要的。期间也遭遇了不专业的面试进程和面试官，学到了不少原本不知道的知识，遇到了不少在加拿大从未遇到的奇怪事情，丰富了写作素材，倒也是意外收获。无论如何，当面试机会来临，努力去准备，积极对待，在被别人面试的同时，也要观察对方，相信自己的直觉和判断，不卑不亢，积极为自己寻找一个愉快和健康的工作场所。

5、工作环境

就读图书馆信息管理期间，当老师讲习工作文化和人事管理时，是以西雅图鱼市场的人事管理作例子，灌输的都是正面而理想的管理模式，对负面和不正面工作环境并没有提及很多，因而，我毕业后一直抱着积极的态度工作，尽量融入所工作的文化环境中，并在同事身上学习不少课堂上学不到的知识，应该说，在搬来温哥华前，我所工作过的地方虽不全部尽人意，但基本上可以定论为安全、愉快的工作场所，我对所有工作过的城市和单位老板抱有感恩之心。

搬来温哥华以后，曾在一个培训班学习工作环境安全知识。从在加拿大打第一份工到上这些安全工作课程为止，我从未亲身遭遇过任何不安全工作环境，更别提工作欺凌、怠工和恶劣工作文化环境等等，因而，当老师讲述工作中会遇到各种各样不安全环境，包括实体环境和精神环境，我很诧异，不能理解在法律健全的加拿大怎么会有这样的情况发生。我既对老师所举的例子产生怀疑，也对自己一直以来的天真怀疑。后来，我在温哥华亲身经历过一些事，彻底相信当时老师所举的例子是事实。现回想在温哥华的经历，感觉自己像是一个检验并执行劳工法的"卧底"，切身体会和理解公平制度下的黑暗人性，体会到政府花大精力去教育民众学习劳工法以保护自身权益的苦心。

加拿大劳工法律有很公正的条例来保障工作人员的人身安全和个人权利。据加拿大劳工权利法规定义，"雇佣标准是由法律为雇佣所确立的定义和保证工作场所权力的最低标准"，虽然加拿大每个省/区都有各自的雇佣标准，其具体细节不尽相同，但基本法规都包含了工作时间和超时报酬、休假、最低工资、咖啡和午餐时间，产假，个人紧急情况假期等等，除此外，还有工作场所健康、安全和工作人员人权等法规，在获得工作签约时，这些法律规定便开始生效。

虽然国家制定了法规来保障工人的安全、利益和人权，但还是有不少单位，尤其是私立单位，又或者是人事管理系统不完善的单位，犯规的事屡见不鲜，有的单位老板会公然违背法规。我有一个留学生朋友，大学毕业后在一个会计事务所工作，以期获得工作经验。老板是早期从香港移民来加拿大的华裔。我朋友工作一年多后，因觉得加班费被克扣，老板不诚实，打算辞职，然而老板却拖延她两个月的工资，并一再躲避，以为她会不了了之。僵持一个多月以后，在一个加拿大朋友建议下，我陪同她到政府劳工部门去咨询，并登记立案。或许政府追查这间会计所老板，几天后，会计所主动打电话，叫我朋友去领取最后两个月的工资和加班费。另外一个朋友曾在一间私立单位工作，由于受到一位男同事的骚扰和欺凌，忍无可人忍之下，便报告部门主管，但主管解决不了，这位男同事变本加厉。后来她又报告给上级，几个月后，上级并没做任何处理，只想把这皮球踢回给当事人：表面希望她正式进入举报程序，实际希望她放弃。后来，这位朋友愤而辞职，在辞职时，上级给她一份工作环境安全规则，一份本该在签约工作时给员工的资料，可这位不专业的管理人员却是在员工准备辞职时慌忙给出，以推托责任。这位朋友觉得被不公平对待，并打算上报给政府有关部门，至于结果如何，还不知道。还有一位在幼儿园工作的朋友，在中国有计算机本科文凭，在加拿大又读了会计大专和幼儿教育文凭，在工作场所被来自菲律宾的同事妒忌和排挤，并常向老板打小报告，老板听从这些小报告，给她难堪，幸好她熟悉劳工法，义正辞严地去与老板交涉，澄清事实，解除老板的误解，并为自己争取公平利益。

致于工作环境安全，除了实体环境上的安全，也包括精神和心理上的软环境安全，例如，如果员工遭受性骚扰和歧视，将会引致精神损伤，这类事情不只是发生在小单位，而且也会发生在国家机构。最近比较热门的是加拿大部队内发生的性骚扰和歧视女性案。据加拿大RCI（Radio Canada International）电台2015年4月30日报道：加拿大高层容忍了军中性骚扰，以致被骚扰者精神受到严重伤害。从报道中可知，这种情形已经被隐瞒很长时间，受害者也不少。前些年也发生某地方警局内部也存在性骚扰问题。在最受人尊敬之处也发生女性被骚扰甚至侵犯的丑闻，完全不是偶然，也不是法规可以约束的，而是顽固的大男人思想和安全法规约束力不强所致。

虽说员工遇到工作环境安全问题时可以上诉到当地劳工安全部门、法庭又或报告给人权委员会，可一旦走入这个程序，就会踏上一条复杂，耗时耗力的路，加上当事人原本精神或身体上已经受到伤害，没精力再去面对一而再、再而三的询问和聆讯，更不想面对始作俑者，因而很多受害者采取息事宁人的方法，不了了之。我很希望这些只是个案，但不可否认，在朋友中，在新闻里，常听到这些违法的事，无法不感到悲哀，更对现今加拿大状况感到忧虑；公平、公正、安全的加拿大工作环境正在消萎。

健康的工作环境一般是建立在人事部门健全和有工会组织的单位，员工所受的待遇会有所保障，单位也会严格执行法规。十年前，我曾在几个大的服务行业工作，每天的工作很简单：把物品摆到架子上。这些公司是连锁大公司，新员工就职时都要接受高层主管的安全培训和公司背景介绍，并会得到公司高层的鼓励。在平时工作中，公司严格遵守基本劳动法规，让员工们公平享受咖啡时间，午餐时间和假期加班费等，至于工资，也是准时发放，细则很明确，决不克扣。在那几间公司工作，虽然工资不高，但却觉得员工得到应有的尊重，工作环境安全，真正体会到加拿大的人文价值观。诚心希望这种工作文化继续承传。

由此可见，即便有完善的法规，但执法不严，又或是领导层自身不正、私欲强大，再完善的劳动安全法、人权法，也很难约束那些私欲深重的人，而宣传工作安全法规和执行法规的人依旧任重道远。

致于在什么环境下工作，除了看运气，还得看寻找工作时的选择。

6、同事关系

工作环境、工作性质和单位管理能力，会造就一种特定的工作文化，在一定程度上会影响同事间的关系，而同事间的关系又会在一定程度上影响个人生活。因此，当接受一份工作时，你就走进了一个集体关系网，也可以说是一个团队，致于这团队如何，能否在这个团队生存，只能说看运气和个人融合能力了。

加拿大的"单位"意义主要是工作，即便偶尔有些调节身心的娱乐活动，也是局限于单位，很少涉及到个人生活范围。同事间的关系主要是一种工作关系，除非特别投缘，否则多数人会选择把生活朋友与同事区别开来，分别对待，以保护自己的生活隐私。人力资源部门健全的单位则会制定一系列规则，以最大限度保护职员个人隐私权。有的单位规定，除部门主管和单位人事部门以外，员工的家庭地址和电话号码、婚姻状况等个人信息不得随意公开。个人之间自愿交流者责任自负，不在单位规定之内。但也有一些人事管理不健全单位的领导层根本不懂得保护隐私条约，因而忽略保护职员私人信息问题，把个人电话和地址信息公开，以至被一些别有用心的人利用，对某些职员生活造成困扰。

我曾工作过的两个公立学院都是对员工和学生个人信息保护很周全的单位，即便员工所借的书和资料，在无当事人许可的前提下，图书馆职员不能告诉非图书馆职员有关借阅者的详细借阅资料、题目以及个人信息等。如有任何有关职员个人信息的资料要清除或丢弃，这些资料必须经碎纸机处理。其中一个公立学院要求更严格，把敏感资料要放置在一个上锁的箱子内集中，然后被送到一个专门的公司消毁处理。这一切都是防止个人敏感信息外泄，而同事们自觉墨守这一规定。这些规定提高了同事间的信任度和安全感，造就安全工作环境，以减少同事间的矛盾，有利于团队合作。我在这两个公立学院学到很多这类课本以外的知识，受益匪浅。好的单位隐私制度健全，职员安心工作，但也有管理制度不健全的单位，在此，我举一个反例。我曾工作过的一个私立学院，由于学院没有人力资源专业管理人才，领导层也是各部门选出，没有正规人力资源管理学历和经验，因而整体的人事管理制度显得混乱，更别提个人隐私制度的完善。在这样的管理环境下，发生职员的个人信息被公开、滥用。在那个单位工作期间，由于联络方式被公布于科室内，因而我的手机和家用电话曾被心存不良的人（我认识但又无法捕捉有效证据的人）滥用，被伪装号码和无声电话骚扰，且无从追踪和报告，成了我在加拿大的最大噩梦，影响身心健康，苦不堪言，还无法投诉。后来，我只能更改电话号码，以求安宁。

在大多数工作过的单位，同事间比较讲究交际礼貌，互相尊重，说话待人方式也有修养，且不随便打听个人隐私，更不会翻阅个人物品。然而，我前面说到的私立学院，却是特案，让我意外之余，也让我困惑。当我一进入这个私立学院工作第一周，便有非加拿大教育背景的南亚裔同事频频探问我私人问题，像查户口一样，当时我很惊讶，没想到加拿大也会发生这样的事。后来我知道这个学院工作人员背景，接而又发生了很多不可思议的事，让我深感失望，也就不再惊讶。由于发生太多与加拿大教育界不相符合的事，两年后，当完成手头上的工作项目时，我已忍无可忍，断然辞职，离开这个给加拿大教育界抹黑的私立学院。现回想起来，当时断然辞职是正确的，果断脱离毒性工作环境，及时避免被非正常环境损害，保护了自己的职业热情和个人尊严。

由于工作关系，有些同事间会成为朋友，但有的同事会成为竞争对手，有的会成为"敌人"。我工作过的几间学院，公立学院的同事每一个都受过良好教育，几乎每人都有两个以上的文凭和学历，对学生、职员和同事，都很尊重。他们既是我的工作伙伴，也是职业生涯中的导师，我们在一定程度上成了朋友，每当我回到那个城市，我都会带着巧克力去探访他们。每当我生日，她们也会寄来温馨问候。而温哥华私立学院的几个同事中，除只有两个是加拿大 30 年前教育，而其他则是没受过加拿大高等教育，加上工作大环境影响，以致整体服务质量难以提高。这个私立学院的教学质量、管理水平，与公立学院差距很大，这是一些在这个私立学院毕业，并在其他学院或大学就读学生回馈的评价，也是我对这个学院的评价。

至于有的单位出现员工间欺凌、同事间钩心斗角和设立陷阱等等，也时有听闻，并不是传说中的西方国家"人际关系单纯"，更不是传说中的"世外桃园"。毕竟大家都是凡人，都有各自的私欲和习惯，尤其是在一个移民大国加拿大，多元文化所产生的矛盾与冲突，还有某些移民带来原国家文化杂质和某些本土人歧视异族的劣习，混合成一种马赛克文化的副产品。至于如何在这混杂文化中生存，如何与同事间处理好关系，这不只是移民面对的问题，而是所有人面临的问题，更是决策层领导能力和营造健康良好工作环境能力的体现，

第五章：　感情篇

1、家庭观念

在中国改革开放初期国门刚打开，人们好奇地观望吹进国内的西风，有条件者则走出国门，在西方国家真实体验"资产阶级生活"。无条件出国者，则从电影中，从音乐里，从归国人员的吹嘘中，逐渐了解西方国家生活，从而总结出自己的一套理论，诸如西方人的家庭观念很差，性自由等等，以为西方人家庭成员关系很冷漠，孩子大了被父母赶出家门，父母老了被孩子赶到养老院，男人女人见面还不认识名字就上床等等。我当时也是怀着同样的观点走出国门，心怀所忌。

生活在加拿大十几年以后，回头观望走过的路，回想起所接触过的西方人，只能对当初所抱的偏见嫣然一笑：以前国人对西方人太不了解，只是看着阴暗的角落简单下定论。我不敢说自己很了解其他西方国家现在具体情况，只从所见所闻中寻找西方人的生活踪迹，在此简述。我的西人朋友多是从欧洲移民第一代到第三代，尤其在基督教国家，他们的家庭生活观有许多值得借鉴的地方，而我们用中国传统家庭观念作为衡量他们生活的标准，是偏颇的，在没深入他们的生活以前而盲目下定论，也是片面的。不管什么国家的人，生活模式既有其共同特性，又有各自生活差异，因而简单定论是不公平的。

卡萝琳和保罗是在我家旁边教堂偶然认识的一对夫妇，是我们在加拿大的第一对朋友，也是我的终身朋友。在保罗去世后，无论我们搬到哪里，卡萝琳对我们的关怀非但不减，反而随着了解加深，我们已经衍变成无血缘关系的母女。应该说，是他们教会了我真正的家庭观念，教会我审视平等与互爱的家庭成员关系。我曾带她去中国，郑重地让两个母亲相见。

　　我刚到加拿大时，每天除了摆花弄草，做家务，便是无所事事地闲逛。卡萝琳看到我如此无聊，心生怜悯，当她有空时，便约我出去喝咖啡，教我简单英语会话和花草英文名字。由于当时不懂英文，无法直接沟通，只好通过字典逐字查，勉强理解她的意思。在她的帮助下，我英文口语进步很快，半年后可以与邻居简单沟通。很感激她在我人生最无聊时走进我的生活，为报答她的热心，我使出浑身本事，亲自下厨做一桌丰盛的菜肴来报答他们。记得那是1999 年母亲节，他们夫妻准时到达我家，刚进家门便给我们每人一个拥抱。我觉得有点不自然，但还是忍住。当我准备好饭菜摆上桌子，象往常让丈夫和孩子趁热先吃那样，让他们也先吃，我继续在厨房忙碌。可当我回到餐桌时，见他们在聊天，并没有动筷子，我有点奇怪，而他们也没说什么，只是微笑地等待我坐下，才开始吃饭。后来，我们来往频繁，关系熟悉起来。一天，卡萝琳悄悄对我说："我先生由于健康需要，要很准时吃饭，然而他的英国绅士教养让他不允许看到女主人忙碌时自己在吃饭，让别人侍候，他一定要看到全家都坐好了，大家拉着手做谢饭祈祷后，才享用美食。"我听罢愕然，对以往自以为是的做法表示歉意。在我们这辈人的中国家庭，不乏女主人在厨房忙，家人已经开餐的情景，大家都习以为常，虽说有时等到忙完事情可以吃饭时，饭菜已经凉了。相比曾拜访的粤北山区客家人就餐传统（男人先上桌吃饭，女人要等男人吃完才可上桌），起码女人可以与男人同桌吃饭，所以也一直没怨言。可老先生虽然年过 80，吃完饭与太太一起做家务，对我也很尊重，享受我做的食物并给予真诚赞赏和感谢，这一切让我受宠若惊，非常感动。当我参与他们家庭圣诞前夕大聚会时，更能感觉到那种温馨而又没有任何压力的家庭聚餐气氛，尤其是当我坐在他们夫妇旁边时，那种"家"的感觉深入到心灵深处，让游子心态的我有歇息的触动。

　　原以为他们是基督徒家庭才这样互敬互爱，家庭观念很强，可随后认识不少非基督徒西人家庭，也给我同样的感受，尤其是在小镇居住时认识的一位教授夫妇。因妻子喜欢生活于田园景色中，他们在郊区买了一大片地和一个传统木头房子。家中以书为基调，植物和家具布置很有韵味，每一角落都充满浓浓的家味和知识味。房子外可见一斜坡，风景优美，春夏秋冬无论哪个角度看去，都象明信片描绘的景观。他们没有孩子，把几个猫当孩子，还时常请我们到他家做客。他们夫妻间充满爱意的眼神交流，互敬互尊行为举止，让人羡慕，很难想象没有孩子做感情维系的他们，走过几十年婚姻风雨路后依旧相爱如初。

后来，我又认识了一位朋友佛罗伦斯，她有四个俊俏的儿子，有童心不眠的 80 多岁老妈妈，有依旧帅气逼人的 80 多岁老父亲。当我们居住于同一个城市时，也常一起去玩。由于心灵相通，成为好朋友的同时，我也成了她家庭里的常客，几乎是潜入他们大家庭四代人生活中，成为他们家的一分子，因而对他们的家庭生活方式和西方人家庭观念有了更深切的体会。虽说她的四个儿子各有自己的生活，有两个儿子已经成为父亲，但他们依旧经常探访妈妈，而佛罗伦斯也常去陪她的母亲和父亲，带他们去看病，带他们参加夏日活动。一次，当我与佛罗伦斯和另外一个朋友开车去郊外玩，回程时车出了问题，佛罗伦斯打电话给其中一位儿子后，我们则在路边静待。他儿子赶来，并约了拖车公司，办好一切手续。当他把我们三个女人带回城市时，我开玩笑说："这纯粹是超人救美女的故事！"玩笑归玩笑，我内心还是很感动，也很羡慕她有儿子可以在关键时刻"英雄救美"。

随着接触越来越多西人家庭，同时也从女儿的朋友圈了解到不少西方人家庭观念，渐渐地，我的家庭观念也有所改观，与女儿的关系也更为密切，即是母女，又像闺密。西方父母养育孩子到十八岁便希望他们可以自立，可以自由飞翔，不希望孩子们宅在家里，否则会觉得家庭教育失败。而孩子长到 18 岁时，也希望自己可以独立，不要给父母添加麻烦，即便父母在经济上支持，也是以"借用"形式。离家独立居住的孩子回家拜访父母，总是受欢迎的。当父母老去时，孩子们也会根据各自具体情况来决定如何回报父母。他们并没有极力提倡"孝敬"一词，但却提倡"感恩"和"责任"观念，因而，当孩子不孝敬父母时，他们首先想到的是内心谴责而不是社会谴责，毕竟西方社会很注重个人隐私，如果没有违法，没有冒犯其他人，谁也没权谴责别人，更没权干涉别人家庭琐事，因而孩子们是否孝敬父母，其行为是受个人内心支配，而不是受社会支配。

在加拿大，家庭已经不单纯是一个社会单元，而是凝聚家庭成员的处所，因此，不少城市都设有家庭日，也大张旗鼓地宣传父亲节和母亲节，并推出系列庆祝活动，以维护良好的家庭观念，让人们享受家庭温暖。而基督教教会里面，更是注重家庭关系，强调互爱互重，一起成长、沐浴于基督的大爱之中。或许是耳染目渲，或许是受朋友们影响，我渐渐接受并学习了他们的某些家庭观念，与孩子互尊互爱，共同成长，与友人和邻居平等相处。

2、夫妻关系

夫妻关系不管在哪个国家，都与当地文化传统和文化习俗有关，很难说什么样的夫妻关系是完美的，更难在短短的一篇文章里阐明加拿大人的婚姻和夫妻关系。在此，我只是把自己所见所闻写下来，并说出真实感受，让读者们去思考。

我偶然相识一位加拿大男性朋友，祖辈来自苏格兰，他是移民第三代，曾有过一段短暂婚姻，后来他妻子不爱他了，提出离婚，因为没有孩子，因而离婚很简单，财产也给了妻子，自己净身出户。离婚后他们依旧交往，如朋友般，他家也依旧放着这位美丽前妻的照片，对此，我深感不解，并引发好奇。见他憨厚善良，我偶尔会给他些忠告，渐渐地，我们成为兄妹般好友，找女朋友的事他自然会来与我商量。一天，他很兴奋地拿着两张照片来找我，让我帮他出主意。我知道他正在通过网络婚姻介绍所找女朋友，希望找到一个中国女子作妻子。见他如此兴致勃勃，我也诚意以朋友的立场帮他。两张照片中的中国女子都是 30 多岁左右，相貌也不错，只从照片上挑一个来交往，还真是比较难。于是我询问更多有关这两位女子的情况。当我协助他选择其中一个以后，他一头扎进网络恋爱中，而我却稀里糊涂被搅进他们之间，给他们做语音翻译和情书翻译。一段时间以后，这位朋友被女方的"温柔"冲昏头脑，自作主张，脱离我的忠告，开始给对方寄钱，以为可以拯救处于"水深火热"的中国离婚女子，并设想将来的成家美景，与她共同养育她的孩子。我能感到他的真诚，也理解他想建立一个家庭的渴望，能感受到他想建立良好夫妻关系的决心。我既为他捏把汗，也真心希望他将来可以建立家庭，有机会做个好丈夫好父亲。然而，当他陆续寄钱给在广西的女子后，他渐渐不找我翻译情书了。一天，他有点失落地来找我，说那女子拿他的钱去做美容和纹眉，不是用于生活，不用于养育孩子，并问我为什么他所遇到的几个中国女子都是最后在钱方面让他失望。后来，他与未曾见面的她分手了，我倒为他高兴，起码这于他是一个教训。他问我："我以为中国女子都很温顺，顾家，也以为她们生活很艰难，需要经济援助，但似乎她们经济上并不困难，我省下来的钱她们用于买衣服和美容。感觉她们都很在乎钱，这是为什么？"我也想问天："这是为什么？"但一定程度上我理解这些中国女人，这是千百年来形成的女人经济地位和感情地位不稳定状态而造成的，"钱"成了不少妻子唯一可以控制和带来安全感的东西。我不知道该怎么回答他，一方面是中国婚姻里面的实际利益关系，另一方面是西方人婚姻中经济理念的关系和对中国经济现状的误解。发生这样的事，我既理解那女子，也理解他。

在加拿大家庭里，即便妻子收入不一定比丈夫高，但地位也不见得会比丈夫低，且多数夫妻是自由恋爱而结婚的，"爱"成了他们维系感情的主要枢纽，尤其是夫妻关系。在初婚时，"爱情"显得更重要，随着孩子的诞生，共同义务增加，自然会产生许多矛盾和磨擦。当孩子长大后，又会有新的问题。因而，加拿大夫妻也面临着所有夫妻共同遇到的问题，也会发生日常冲突，只是他们的处理方式和解决矛盾的方式会因族裔背景而有所不同。

我很欣赏教堂里遇到的那些老夫妻，他们互敬互爱，齐眉举案，让人特别羡慕，尤其是卡萝琳与保罗这对夫妻。每当我到他们家做客，看到他们恩爱有加，很自然想起我那至死不渝的亲生父母，心里觉得温暖。而今，老先生到天堂 10 多年，每当我与卡萝琳提起他，我们都很感慨，深深怀念他，感谢他。保罗与卡萝琳的爱情很有戏剧性，为保护个人隐私，我不在此细述，只谈夫妻间互敬互爱的关系。保罗是个业余小提琴手，他八岁开始学小提琴，十八岁时携带有限的行李和这把小提琴，从英国来到加拿大，开创新的人生。这把小提琴一直跟着他 80 年。多年来，保罗每周二都到老人院为老人拉小提琴，每天晚上睡觉前会为妻子拉一曲小提琴曲，直到他病重去逝。而卡萝琳知道丈夫最爱，于是他们家里从电灯开关，毯子图案，小摆设等等，很多都是她从各地买回来的小提琴图案纪念品。每当我看到他为她开车门，细致关照地为妻子套上大衣，与她一起洗碗做家务，而她却小心细致地照顾他，为他做美味餐饮，为他围上围巾等温馨情景，我除了感动和羡慕，别无它言。

初到加拿大第一次参与英语教堂晚餐聚会时，旁边坐着一对老夫妻，他们约 80 岁。当牧师餐前祈祷完以后，他还低声多说了一句："感谢上帝！让我有机会享受食物。"我当时并不理解他所说的，后来卡萝琳向我解释：这位老先生曾经参加第二次世界大战，当时他的战友们都倒在战场，而他受了重伤，双眼失明，活着从尸体中爬出来。他回加拿大后，妻子依旧不离不弃，每周日都牵着他的手到教堂做礼拜，已经牵手几十年，恩爱如初，因而，他常怀感恩，享受食物，而这句感恩的话确实是发自内心的。

居住温哥华时的邻居有几对夫妇也是恩爱有加，其中左邻居夫妻很让我敬仰，他们总是夫唱妇随，很协调，把自己的家和院子打理得精致美观，同时也帮我不少忙。一天，当我对着菜地上越长越密的树枝发愁时，左邻居先生自告奋勇要求帮我把它们锯掉，清理干净，接着，他妻子也过来帮忙，递工具，指挥先生锯掉树枝，同时教我处理枝桠和园艺技巧等，全然一对最佳排档。当看到他们夫妻齐心协力帮我把菜地上方的枝桠清理出一片天时，我非常感动，加倍感谢和尊敬他们。

我也遇到一些会发生争吵的父妻，并在争吵中分离。虽说加拿大的离婚率很高，各有其具体原因。离婚不一定解决所有婚姻不和谐问题，但在一定程度上解决了"僵尸"婚姻、甚至是无法改变的"奴役"婚姻等，也不能全盘否定"离婚"的价值。由于绝大部分夫妻是通过自由恋爱结婚的，因而当他们婚姻正常，有家庭责任感时，通常是夫妻双方带上家人一起出席一些朋友间家庭聚会，尤其是丈夫，很少会单独赴朋友间聚会。我以前常参加这样的家庭聚会，不管是夫妻具体关系如何，都会全家一起赴会，让有心成为第三者的人无机可乘，也让男人们随时想到家庭责任。在节假日，加拿大不乏父亲带全家出游，带孩子们到外露营、爬山和打球等等。春夏季，男人在院子里干粗活，女人在花园里干细活；秋冬季，男人铲雪，女人扫树叶，这些温馨家庭场面遍布加拿大社区。

至于离婚家庭，除了个别男人走极端制造惨案以外，多数男人会尽量负起经济责任，与前妻共同抚养孩子，为孩子尽些力，这也是西方有责任感的男人基本修养和维护男人自尊的方式。十几年来，我还没有在朋友范围内听到哪位离婚西人女士抱怨前夫卷走财产奔向小三的，倒是有不少男人净身出户，且还要为孩子或前妻的抚养费拼命工作，因而他们在婚姻内时，不太敢随便造次，否则会人财两失。倒是在朋友圈内听到不少来自中国大陆的离婚家庭故事：在离婚前财产被前夫转移，甚至已经与小三有了孩子，不付孩子赡养费等等。从我众多女性朋友中比较，我不认为是中国女人喜欢抱怨，西人女人不喜欢抱怨，而是认为中、西方家庭观念和成长环境不一样导致的婚姻感受不同，且所认识的几位离婚中国女人确实都被"甩"得很惨，幸好她们都很优秀，也很坚强，在艰难中互相帮助，在异国重新站立起来，微笑面对人生，活出自己的精彩。

出于好奇，我曾对几位西人男性朋友做过有关家庭观念和离婚后财产分配想法调查，其结果让我深思。这些男士普遍认为："娶个老婆回家是用来爱的，不是娶高级保姆回家。她在家做家务带孩子也是工作，应该被尊重。""因为男人赚钱机会往往比女人多，离婚时把多些钱留给女人抚养孩子是应该的。""既然已经没有感情，不如让大家都获得自由。"等等，他们在婚姻破裂时相对比较大气。加拿大婚姻法保护弱者，因而强势一方也不敢太过份，而不少家庭依旧是男人收入比较多，因而，除了花心男和浑沌男，理智、爱家的男人不敢轻易对家庭不负责，更不太敢随意背叛家庭，否则不但失去孩子的抚养权，也会招致财产损失和孩子们的鄙视，实在得不偿失。

大部分夫妻是比较平和过日子，一起购物，一起做院子里的活，一起外出社交。加拿大出生或成长的人组成夫妻，给我总体印象是：男人不会太大男人主义，出门背孩子的现象很常见；女人也不会太柔软，哑忍一切委屈，她们会争取自己的家庭地位与权益，维护尊严。除了法律约束，或许这种教育导致丈夫不敢太放肆，妻子不会过分依附。很难说这是否就是完美的夫妻关系，但如果能做到互相尊重，共同承担家庭责任，这样的夫妻关系是让人羡慕，值得提倡。

3、亲戚关系

记得在我女儿四岁时回她父亲位于大山里的家乡，从辈份上看，她属于祖母辈。由于她父亲的家乡非常传统，对辈分称呼很讲究，谁也不敢造次，以免被长辈训斥。一天，当我们走在村子里的路上，一位十几岁的女孩很有礼貌地称呼我为"祖婆"，称呼我女儿为"婆"。我女儿一听，大哭起来："她为什么叫我婆婆，我才四岁，还没老！"我理解女儿的想法，在大城市生活的她以为头发白了、像外婆那样的年龄才可以被称为"婆婆"。我出生、成长于城市，妈妈比较开明，且亲戚不多，所以称呼问题很简单，因此，在我家里，称呼问题没造成困扰。可在这村子里，我也不知道该如何称呼遇到的每一个人，幸好是短暂停留，否则我也会像女儿那样迷惑不安。

初来加拿大时，对加拿大人直呼其名和笼统称呼有点不习惯，后来慢慢习惯这样的称呼，渐渐觉得亲切，欣赏起这种模式。尤其是亲戚之间的称呼，简单、平等而又不乏尊重，免去不少繁杂。父母辈的亲戚，男士一律可以被称为叔叔（uncle），女士一律被称为阿姨（aunt），包括亲戚的同辈配偶，都可以如此称呼。如果很有必要，才加以说明是父亲那边的亲戚还是母亲那边的亲戚。对祖父级别的长辈，除了爷爷（Grandfather）和奶奶（grandmother）用作称呼父母双方之父母以外，其余同辈只要在"叔叔"或"阿姨"前面加个级别词"great"就可以了，比如姨婆：great aunt。曾祖父母的称呼，则在原辈分上再加个级别词"great"，比如曾祖母：great grandmother。同辈人可以直呼其名，显得更亲切。不同辈之间，有的也可以看情况而称呼其名。

　　加拿大兄弟姐妹间和亲戚关系的疏密程度如何，全看家庭培养、成长环境和个人性格而定，社会不会给予太多压力，外人也极少参与，家人之间也不会太过于强求，因而，整体家庭关系比较自由，至于融洽程度如何，全看感情维系状况。我曾仔细跟进、观察一些朋友家庭间亲戚关系，也观察一些西人邻居和同事家里的亲戚关系，感觉他们所承受来自家庭的压力都不大，相对来说简单、自由很多。

　　一天，当我得知一位同事的年仅 60 岁父亲去逝，深感同情，便想去安慰她，没想到她对父亲去逝一事很冷漠，似乎什么都没发生，依然谈笑风生，反倒令我纳闷。后来从谈话中得知：这位同事的父亲是个酒鬼，从小对他们兄弟姐妹不好，后来甩了他们和母亲，她在成长过程中受了不少苦，令她很痛恨这个不负责任的父亲，兄弟姐妹们也自然对父亲没感情。成长以后，她父亲时常回家纠缠他们，因而他的去逝于她来说是一种解脱。我不知到她内心真实的想法，但从她冷漠的表情中可以看到他们父女间的感情很淡漠，关系很差，于是，我也不再提起。而前些天一位女邻居的父亲去逝，他是第一代意大利移民，终年 91 岁。我邻居很悲伤，几天没见她出门。同是父亲去逝，子女们表现不一样，这表明父母与子女的关系全靠平时积累的感情在维系，而不单纯靠血缘关系和社会舆论压力。

　　在基督徒家庭里，家庭成员关系会因为相同信仰以及信仰支撑而显得平和、融洽。如果一个家族里存有不同信仰，又或是不同党派支持者，或许会出现外因引发的矛盾，但也常是会在信仰和修养约束下，尽量保持和睦。有趣的是，在现代思维和环境中培养出来的人，都很有自己的个性和思想，亲情观念渐渐不受传统约束，合得来者即是常交往和互相尊重的亲戚，合不来者则如普通朋友间的关系，又或各自按着自己的轨迹生活。有的家庭亲戚间会因经济状况等问题而产生矛盾，但他们的矛盾多是以减少来往和减少互访为解决方法，很少出现上门打闹、纠缠不清等等不理智行为，这与其他法律健全、经济发达国家没有太大差别。

　　虽然每个家庭都有其各自的问题，但我遇见大部分家庭是温馨和睦的，起码外人看来如此，而有些家庭在我近距离仔细观察和接触后，也证实如所见般和睦。在工作时，大部分同事们都很认真工作，可一旦家庭成员出现特殊问题，比如说生病、去逝或其它特别问题，他们则会把家庭放在首位，会要求请假，又或是下班后奔忙于处理家事。有个同事的妈妈得病后不能自理，想住进老人院，我同事为这事奔忙一段时间才找到一家理想的老人院，同时还得花大量时间帮妈妈卖房子，清理存积几十年的物品，那段时间，她常累得病倒，其孝顺程度让人感动。而另一位朋友除了自己的工作，要偶尔代看一下孙子们，也会常带得癌症的母亲往医院跑，同时又得常往养老院探访父亲，也是尽心尽力，让人感动。

至于亲戚间有新生、结婚和病愈等，亲戚间表达方式不尽相同，但普遍是平和真诚地送张卡片或小礼物，表达祝贺。即便是结婚，也是顺随各意，没有强求数额的红包或赠款之类的压力，全凭内心自愿。亲戚间遭遇死亡、离婚或其它意外的事，也会收到来自亲戚们的问候卡片或小数额集资款买的慰问礼物。至于婚礼和葬礼，一般来说，如果条件允许，亲戚会尽量参加。由于加拿大没有计划生育，可以自由选择工作居住点，因而，有的亲戚会分散居住，终生未遇。如果条件允许，有些亲戚会发起圣诞前夕或感恩节团聚，大家一起吃火鸡，感受浓烈的节日家庭气氛。当我们在 2 千人的小镇住时，有人打趣说：镇里很多人家互相间都有亲戚关系，随便敲开哪家的门，都可能是某某人的三舅公八姨婆，所以不要在背后议论人，随时都会传到亲戚耳里。

观察加拿大人家庭，觉得最欣赏的一点是他们间互相尊重，给予各自足够的空间，即便小时候打打闹闹，或在青春期叛逆，但长大以后，他们还是保持基本礼节，会不定期互相问候，见面也常会拥抱、握手或打招呼，既客气，又温馨。有的亲戚还会找机会或籍节假日，相约亲戚们聚会，各带食物，一起分享。

4、亲子教育

曾有一个邻居好奇地问我："为什么很多中国妈妈们都逼孩子做他们不喜欢的事？为什么中国家庭里多是妈妈们带孩子出去玩？"我听罢不知道该从中国历史原因说起，还是该从传统文化说起，更不知道该如何准确回答关于中国家庭教育中"父亲缺失"问题，只好含糊其辞："中国妈妈们在竞争环境中成长，很担心孩子将来因为自己培养不足而无法在社会立足，所以期望以自己的经验去教导孩子。至于父亲，由于父亲是家里主要经济来源者，下班回家会很累，所以妈妈们主动承担带孩子玩的责任。"我虽如此回答，但底气不足，心里也不满意自己的回答。其实我也会问同样的问题，也会因中国妈妈们独揽育儿重任的现象困惑，为妈妈们在职场拼搏以后还要回家做家务、养育孩子鸣不平。

很庆幸自己在一个轻松的家庭环境中成长，庆幸母亲没有在我成长过程中施加盲目压力，让我有机会自我培养。我也模仿妈妈的做法，给女儿造就同样的宽松环境，只是在大方向给予她指点和引导，具体小事则由她自己发挥延伸，不给她施加不合理压力，逼她学不喜欢的东西，把我的未完成梦想强加于她，更不会逼她学多数华人父母所期望的医生、律师和工程师等赚钱专业。我让孩子自由发展，在华裔妈妈妈里被视为另类的事，在加拿大西人中却很常见，因而觉得我孩子成长于加拿大是幸运的。

当孩子想学习一些技能或正常爱好时，只要条件允许，西人家庭的父母多会支持，会给予孩子们正面鼓励。当孩子不想学某些技巧，比如弹奏乐器等，父母们很少会逼迫孩子去学花钱而又吃力不讨好的课，更不会逼着哭泣的孩子去实现大人自己儿时未完成的梦想。反倒父母们会根据孩子自身条件和意愿，创造条件给孩子们,引导他们走向成功的路。这种亲子方式与传统做法引发一个有趣现象：在各类传统技艺学习班或补习班里，华裔和南亚裔孩子占多数，而运动场、露营地和公园等，却是西人孩子为多。在运动场上，西人父亲带孩子在外骑车、踢球和玩耍的现象屡见不鲜。

由于学校教育孩子们要学会自我保护、基本野外生存技能和报警等基本求助技能，加上法律有明确而详细的保护孩子条例，即便在家里，父母也要尊重孩子的人权，不得随便来个"棍棒出孝子"教育，更不能随便体罚或精神惩罚，稍有差池，被孩子报警或报告给学校，家长会招致更烦恼的事：政府部门会派人上门调查，又或是带离孩子给挑选的家庭抚养。然而，如果太宽松，失去管理分寸和必要的引导，有的孩子会像疯长的野草，很容易一事无成，这是我们华人父母所不忍直视的。放弃原国籍已经建立起来的事业和生活基础，为孩子前途而移民来加拿大、从头开始奋斗的华裔父母们，无法接受孩子吊儿郎当，又或是孩子的前途和未来生活比自己还差的现实。到底如何教育在西方自由环境下长大的孩子，尤其是青春叛逆期的孩子，确实是很累心的事，困扰华裔新移民家庭。一方面华裔移民父母们担心孩子输在起跑线，逼孩子学各种各样的课程，有的更希望孩子成为神童，早早出名；另一方面又不能以中国传统家长模式教训孩子，因而不少华裔移民家庭会产生新的"文化代沟"，形成家庭教育矛盾。因此，在加拿大进行亲子教育，是一个新环境下的新课题，是智力、耐力和精力的考验，也是爱心的考验。要解决这个棘手的矛盾，最好的办法就是吸取西人家庭亲子教育中好的经验，摒弃不合时代的旧式教育观念，改进传统的教育方法，以达到既教育和培养孩子，又不至于违反加拿大法律。为了寻找自己的教育方式，华裔家长们不妨参加社区、教会或公共图书馆举办的亲子教育讲座，阅读英文或中文的亲子教育资料，纠正自己教育孩子的观念和方法，以减少父母与孩子间的摩擦和矛盾，达到引导孩子健康成长的目的。

记得刚来加拿大时，我对当地的儿童保护法不了解，有位台湾朋友告诉我一些有关照顾孩子的注意事项，其它细节我没记住，但"千万不要把未满 12 岁的孩子单独留在家里，千万别动手打孩子"这两句话我记在脑里，时刻提醒自己，担心自己按着中国带来的教育模式在新国家犯错，尤其担心一旦犯错，政府会把孩子带走，剥夺我的监护权。因此，我非常小心，不敢违反儿童保护法。在孩子 12 岁前，我基本上无法全职上学或工作，只是专心做家务和陪孩子，增加相处时间，一起面对一些困难，培养她独立解决问题能力，同时，也可以及时发现孩子内心变化与想法，纠正错误。在教育孩子的同时，家长也从孩子谈话中了解学校发生的事，可从中学习到不少新知识，于家长也是成长和学习的过程。现我孩子已经硕士毕业，并在一医学研究部门做小主管，生活和社会工作都相当出色，我深感自豪，真正体会到亲子教育不但对社会重要，还可以为母女关系打下坚实的基础。

现不少华裔父母以工作忙为由而忽略了亲子教育，尤其是不缺钱的太空人家庭，父亲为赚钱而忽略了家庭温暖给孩子带来的正面教育作用，也忽略了孩子成长过程中有时间限制、一去不复返的机会。这种忽略是得不偿失，难以弥补的。在父母给家和孩子赚取更好物质条件的同时，也失去了孩子成长时期进行互动教育的宝贵机会，失去了关键时刻与他们建立坚实感情基础的机会。

几年前我曾在报纸上读过一篇一位护士采访临终病人的故事，被采访的临终病人不乏成功人士。当护士问及他们这辈子最后悔什么，绝大多数人的回答是"没有花足够时间陪家人，忽略了孩子的成长过程。"我想，如果让有绝症的他们再延长生命，或许他们都会选择多陪孩子和家人，会认为亲子教育很重要，然而，当他们想陪孩子的时候，孩子已经长大，已经离巢，失去的时光不再回头。即便生命延长也未必能挽回失去的东西，何不在眼前拥有的时刻好好珍惜，把孩子当成生命同行者之一，携手共进。

5、友情价值

人们常说"走出社会以后很难收获真挚友情，而人到中年，几乎不可能收获友情"。我不完全认同这观点，或许是出于幸运，又或许是出于缘分，可以说，我遇到灵魂相通，且在最艰难时始终站在我身边的朋友恰好都是在中年时遇到。在加拿大收获不同族裔和背景的真挚友情，成为我人生路上强有力的精神支柱，是生命中无价之宝。

中等以下的城市，人们比较友好，交普通朋友不难，但交到心灵相通的朋友确实不易，尤其是在不同背景下成长起来的马赛克文化环境里，深交已不只是依靠语言，缘分也是一个尚且还无法用公式去证明的因素。在工作单位，由于涉及到"饭碗"和"隐私"问题，人们有所戒备，所以即便交到朋友，也很难深交。在教堂，人们的信仰程度和理解程度不一样，如果相处时间长，或许会交到朋友。在其它非工作场所和目的性不强的场合，相对容易交到朋友，比如邻居、继续教育课室、公车上、做义工、社交网络等等，机会总是存在的，只看缘分和对友谊的维系技巧。

加拿大人比较尊重个人隐私，即便已经是老朋友，也不会随意打听收入、家庭隐秘状况、性取向、宗教信仰和女性年龄等等，除非对方自动说出来。朋友间也不太喜欢背后说别人的坏话，送礼也是在乎意义和价值，而不在乎价钱。朋友拜访前会电话预约，极少有冒昧敲门，突然到访。我很喜欢这种既保持各自的空间，又不用太担心成为别人茶余饭后的聊天内容，人与人之间的距离恰到好处。

我在加拿大交往的几个挚友都已十几年，是在不断筛选中提炼出来的终身朋友。因为友爱，我们彼此珍惜，极力维护和珍爱缘分中的友情。其中与佛罗伦斯的友谊除了用"天意"和"缘分"来定论，我实在无法解释。当我住在小镇时，镇政府为仅有的四个移民学生办了一个傍晚英文班，由政府社科部门工作的佛罗伦斯担任我们的老师。由于学生们白天要忙于工作和生计，晚上要忙家务，且加上冬天零下 40 度，冰天雪地，开学没多久，三个学生就坚持不下去了，只剩老师和我，上不成英文课，我们只好自由聊天。当时我英文很差，无法表达内心所想，加上当时家庭杂事令我很苦闷，所以很少说话，主要是听。后来，由于生源不足，政府决定取消这个专为新移民而设的英语课程。或许是佛罗伦斯察觉到我心情郁闷，又或许是她对遥远的中国感兴趣，她常用自己业余时间，约我出去散步，喝咖啡聊天。她帮我提高英语阅读能力，纠正我发音，也不断鼓励我重新振作。一天，她又尝试打开我的话源，询问一些我在中国医院工作的事，那天，我不知道为什么突然来了兴趣，断断续续聊起来，说起我在中国医院工作的事。后来，她鼓励我把这些故事用中文写出来，我被她点醒，开始着手写小说。几年后，我出版了第一本长篇小说《冰雨》，这全靠她当时的点拨和鼓励。

后来，我们搬离小镇，她随后也搬离小镇，并到其它国家住了一轮，我们失去联系。一天，当我随一位朋友走进艾得蒙顿一栋社区公益学习楼，无意间见到佛罗伦斯也走了进来，当时我们都忙着去办事，只是简单聊几句，便道再见。又过了几个月，当时我在一家商店上班。一天，我见几个西人进来逛商店，便很自然上去打招呼，没想到她是其中之一。我们都很惊讶：原来我们新工作的地方只是两个街口之隔。由于当时刚好是客源高峰期，没顾及互相交换电话。更巧的是，在这之后不久的一个周末，当我逛完商店，站在十字路口准备过马路时，她的车刚好减速，准备右转，横在我面前。我们四目相对，都愣住了。如此一而再、再而三地相见，应该说是缘分使然，我们没有理由再分开了。于是，我们不约而同说："到右边的停车场交谈！"交谈很温馨融洽，除了互相留下电话和电邮，我们紧紧拥抱。随后十几年，我们形同姐妹，一起面对人生困境，一起分享人生喜乐，可以说，至今为止，这世界上最了解我的人不是亲兄弟姐妹，而是一个与我没有相同成长背景的加拿大人，一个与我常产生心灵感应的人：佛罗伦斯（Forence）。

另外一个与我有心灵相通的人是艾咪（Amy），与她的友谊始于坐公车。十几年前，与艾咪住同一个居民区，每天上班都会在公车上相遇，由于我不善于与陌生人交往，因而总是很安静。与她同乘一班车将近半年，却没主动说过一句话。一天，当她坐在我身旁位置时，她主动开口与我说话，开始了破冰之谈。后来，随着时间推移，我渐渐了解她，发现在内心世界里，我们似乎有很多似曾相识的感觉。尽管她出生于香港、70 年代仅一次到过中国大陆，可我们不约而同地相遇在异国，且交谈融洽和人生感悟相似，觉得冥冥中有东西在维系着我们。随后十几年，她成了我人生很重要的导师，无论分隔多远，我们始终精神相通。在人生低谷时期，除了给予我物资支持，还给予我精神支持。因而，不管她走到世界哪个角落，不管她什么时间、在哪个国家给我打电话，我都会毫无怨言、耐心接听，并真诚告诉她：我家的大门和电话会为她永远开放。

至于前文提到的卡萝琳，我们间已经超越了友情，她成为我非血缘的第二母亲，她也把我视为己出，当成自己的孩子，在此篇就不重复。

或许是加拿大人与人之间的距离于我来说恰到好处，又或许我在收获友谊方面实在是太幸运，因此，可以说移民加拿大，我收获最大的是真挚友谊，而这些友谊毫无疑问会维系终身。

第六章：移民篇

1、移民苦乐

1997 年以前，不少香港移民因为担心香港政治和经济前途，纷纷举家移民，为的是继续维系原有的生活水准和模式。十几年前，台湾和大陆移民多数是为了下一代有个好的生活环境和工作前途，以技术移民的途径，带着有限的资金来加拿大从新开始。2000 年以后，有不少富裕的投资和企业移民通过金钱移民加拿大，随着中国大陆执行新政，不少富裕人士因对国内越见严峻的经济环境不安，想转移资产，希望自己和子孙后代可以生活于优美环境，享受金钱所带来的安逸，于是开始移民加拿大。也有的人是想摆脱贫困，寻找出路而移民。虽然移民目的各异，但归根结底，无非就是想为家人和后代寻求一个安稳的生活环境。

不管移民目的如何，登陆以后就得面对现实，在新环境下生活。对那些经济富裕，不愁吃穿的经济移民和投资移民，移民生活最痛苦的就是在取得公民前必须达到所要求的居住时间，也就是常被中国人称为"坐移民监"。而"坐移民监"对这些富裕移民来说并不轻松。加拿大的生活很安静，如果不参与户外活动，可以说是很无聊，不像在中国那样可以约朋友外出，鞍前马后，夜夜生歌。加拿大也是一个"见钱眼开"的世界，"有钱能使鬼推磨"的理论还是可以成立，因而这些年加拿大政府设立"经济"移民政策和投资项目，本意是冲着他们的钱包而来。

我曾常在海边遇到一个据他自己说在国内颇有名气且富裕的投资移民，从聊天感觉到，他满眼瞧不起技术移民和加拿大工薪一族，喜欢用国内的辉煌来炫耀和自我安慰。一天，当一个游客用英文问他一些事，他一脸茫然，显然是听不懂。我有点儿诧异：他来加拿大四年了，好歹也懂一两句简单的英语呀！后来，我帮他翻译并解了围。由于好奇，我委婉地说："这里有很多政府办的免费英文班，可以去学英文。"没想到他满脸痛苦地说："如果不是要坐移民监，我才不想在这呆，更别提学英文。"由于当时新的公民政策还没出炉，不少人连斗大个英文字也不懂，只要懂得 ABC，懂得涂黑选择题答案，再加上中国人的死记硬背和考试天份，也是可以蒙混过关的。我估计他也是如此打算，期望考公民试时可以靠死记硬背，给选择题打勾就可以蒙混过关。经过几次聊天，并仔细观察，他确实很失落，把来海边钓鱼捕蟹当作"坐移民监"的消遣之一。后来我很少再见他，估计他到加拿大其它地方去熬时间了。其实，这样的人并不少，尤其是在投资移民和企业移民政策出炉以后的温哥华和多伦多，他们在大陆都属于有钱又或有才的成功人士，其痛苦与其它来开创生活和事业的人不同，幸好还可以用钱来打发寂寞。他们生活上还是不需要担忧太多，只要不被强盗入屋抢劫就会活得很滋润。有一些不怕坐"移民监"的投资移民，他们移民后成功隐瞒国内资产，且又可以享受加拿大各种福利，并以此为荣，过着住豪宅，领补助的日子，在加拿大法律空子间潇洒自如地活着。

香港移民因当时加拿大整体境况比较好，更何况当时他们带着钱过来。1997 年香港回归以后，也有不少人见大局未乱，携家回流，而留在加拿大生活的移民，基本上已经适应并融入当地生活，只要努力工作，生活进入舒适阶段。不少早期香港移民现已经落地生根，培养出来的第二代也初有建树。这些香港移民除了为加国作出巨大贡献，也历尽艰难，为后来华裔移民打下了社会和商业基础，其功不可没，值得我们后来者尊敬。我刚来加拿大时，到卡城华人社区服务中心做义工，遇到不少香港早期移民和移民后代，后来还参与他们的社会活动，加入鲍胡莹仪的教育局理事竞选义工团。那是我平生第一次做义工，也是第一次参加与竞选有关的义工，并从中学习加拿大社会知识，了解早期华裔移民故事。当我从其他义工中得知鲍胡莹仪为了华裔社团所做的贡献，从她母亲闲聊中得知他们刚移民到加拿大时所经历的艰难，很敬佩他们，自然也希望她成功胜出。虽然后来竞选失败，但她的团队依旧举办答谢会，答谢支持她的所有义工。会上，她的答谢词真诚感人，让人感动。在华人社区做义工时间里，我觉得很充实，也是第一次遇见了怀抱"回馈社会"理想并为之而奋斗的政治家和社会活动家，同时也近距离感受香港移民的生活状况。应该说，香港早期移民以及其后代在新国家的社会责任感比我们从大陆来的人强很多，这不仅是参政议政问题，而是一种社会参与和回馈。现鲍胡莹仪已经成为阿尔伯特省议员，并任阿尔伯特省亚太事务副厅长，这不是偶然，而是她一直奋斗和家人朋友支持的结果。

在遇到各类近代华裔移民中，其实最辛苦的就是十几年前出国留学转移民和技术移民，他们错过了中国大陆的经济腾飞时代，只能兢兢业业地从头开始，一点点打下新基础，其生活状况可谓一步一个脚印，然而他们的头脑又喜欢思考，可以说他们是现代移民中艰辛一族。我在读书期间，断断续续遇到不少在国内是博士，又或是单位骨干的技术移民，为了生存，不得不重新读一个实用的技术专业，又或是到公司打廉价工，养家糊口。如果重新回到学校读书，或许还有可能在将来找到薪水不错的工作，但如果不再冲脱打工状态重新回到校园，也许就会如此消沉下去，任由体力疲劳折磨到精神麻木。幸好我的朋友圈里有不少是勤奋而又不甘心于只拿最低工资的人，他们利用业余时间读书，又或全职上学，业余打工，读出一个个实用的文凭，让自己登上白领阶层，过上简单而安逸的生活。

还有一类移民赶上家庭团聚政策，且已经在原居地退休的父母辈们。当他们的孩子已经在加拿大安居乐业，经济上也达到要求，办理父母团聚移民。办理团聚的父母们既可以享受国内退休待遇，又可以享受加拿大老人待遇，居住十年后，又可以有机会获得老人金补贴，且只要一年内住满半年，到其它国家居住而不影响领取老人补助金。中国人敬老是传统，本着对老人的孝敬，给钱老人花是应该的，但有不少华裔老人却是把中国人之"贪小利顽疾"带到加拿大来，在享受加拿大福利时，还不忘多捞一把，根本没想到回馈社会和感恩，实在是给华人蒙羞。

我曾在一个中药店工作两年多，旁边便是一个华语银行，每当老人金发放日，银行总会排长队，不少老人来领取老人金，而各临近银行的参茸补品店和餐饮业老板也很高兴：老人们会在这天花费政府发放的老人金，购买参茸燕窝等补品，也会来吃饭喝早茶。老板高兴赚了老人的钱，而员工则有怨言，觉得自己辛苦所赚的钱被名目繁多税项扣除后，实际收入还不如从未在加拿大工作过的老人金高。当时我并不知道老人金问题，被老人们花钱买补品的势头给惊呆了，不太理解他们为什么如此花钱，以为他们糊涂了，有点不忍心看。后来，老板说："不要为他们担心，现正是政府最有钱时期，而夫妇俩所得的老人金比很多人家庭收入还高，且又可以住在政府补贴的廉价公寓或老人院，再加上有国内的退休金，日子过得比很多工薪阶层要好，更别提比许多还在贫困线下挣扎的家庭。"开始我以为是老板出于妒忌或是出于增加营业额才如此说，后来，通过与老人们聊天，知道真象，觉得老板说的话是有根据的。随后，在温哥华网上读到越来越多关于中国老人到超市、社区菜园或孩子们做慈善的菜园里偷菜，而有的菜园子还不得不挂出中文警告牌，每当看到这些报道，我都觉得很无奈：在这些同胞们的家庭教育里，严重缺失感恩和回馈这一课。

不管移民生活是苦是乐，不管移民后物质和精神生活水平下降还是提高，也不管移民政策如何随着执政党利益变化而变化，加拿大依旧是一个移民热地，是一个给人以梦想的地方，而移民们的苦乐，只有自己知道。

2、择地而居

随着旅游签证条件放松和网络资讯的迅速发展，人们可以更容易获得加拿大各类信息，为准移民们提供有效的参考，这是现代移民的有利条件。中国新移民都喜欢选择大城市生活，以为会像中国的大城市那样，可当他们登陆后便傻了眼：加拿大城市显得冷清破旧，满目苍凉！其实，无论人们如何描述，网络如何介绍，那毕竟是别人眼里的加拿大，会直接受视野、背景和感受力影响和限制，因此，如果在移民前先到加拿大短期旅游，大致了解和比较一下各个主要城市和民生，再确定将来移民后着陆点，或许会减少走弯路的机会。

每个人移民的目的、背景和期望值都不同，自然有不同选择。带钱来享受后半辈子生活，享受加拿大天然环境的富翁，用一笔钱打通投资移民或企业移民的路，除了真的想隐居，否则他们多数选择温哥华和多伦多，毕竟这些城市华裔移民多，华人超市也多，基本上不需要英文也可以生存。经济条件好的技术移民，也会选择大城市，但主要会在多伦多和阿尔伯特省，毕竟这些省份制造业和石油产业是强项，工作机会多。而有些人为了一份安宁，且想真正体验加拿大生活，选择了小城镇。其实，第一站选择哪里是很重要，可即便住下来后感觉不喜欢，也还可以搬家，加拿大允许自由选择居住地，只是耗费时间和金钱而已。

选定城市以后，便是根据孩子读书和日常生活环境等情况来选择居住区域和公寓，如果在选择过程中有朋友相助，给予建议，确实可以节省不少时间和精力。但最终还是要根据自己的具体情况加以判断和决定。在此，我建议打算移民或准备登陆的移民不妨考虑几个因素：

1) 气候：中国南方来的人能否适应寒冷气候？北方来的是否喜欢温湿气候？
2) 语言：选择法语/英语为主要语言的省份还是选择英语和法语双语省份？又或是选择华语为第二大语言的城市？
3) 交通：公共交通是否便利？开车的道路交通情况如何？
4) 学校：家庭成员继续读书（包括 ESL）学校条件如何？孩子学校/幼儿园情况如何？
5) 医疗：有没有完善的医疗体系？是否可以找到家庭医生或非预约诊所？
6) 工作：工作机会如何？是否与自己专业对口？是否可以找到临时养家的工作？
7) 治安：犯罪率如何？是不是黑帮活跃地带？
8) 文体：有没有文化活动？以哪个族裔文化为主？有没有运动场、游泳池和剧场？
9) 住房：住房租金或房价是否可以负担？
10) 餐饮：可否买到华裔食才？是否有中式餐馆？
11) 人情：居民是否友善？公共服务态度如何？

　　新移民很难在短期内，又或在自己没登陆时去判断以上这些因素，更难在短期内下结论，因而，已居住在加拿大的亲戚和朋友们是最佳的资讯对象，可以从他们的意见中寻找自己初步答案，以帮助自己选择第一个居住城市。不管选择在哪个城市居住，都可以寻找到移民安居协助机构，可以帮助新移民安排就读语言学校或基本就业培训班，给予必要的生活指导。在大城市，这些新移民安置机构比较完善，有的还不定期举办培训班和讲座。在小城市，或许只有一个小部门协助新移民。无论移民安顿机构规模大小，业务开展如何，都是许多老移民多年努力、政府支持的结果。

3、初步安置

　　当明确选择居住地和确定登陆日期后，剩下的便是准备移民事项。由于现在加拿大和中国互飞航班增多，电子汇款业务发展迅速，加上新移民的经济状况普遍都不错，所以，携带物资和金钱方面不会有太大的问题，需要准备的事项也就比十几年前简单很多。

　　移民时需要做好准备，以减少时间浪费，少走弯路。有些移民政策会变更，在此不多述，只给出具体网页链接，以便新移民查询最新政府资料和政策。以下是新移民应该注意和准备的事项：

1) 有关新移民可携带物品、免税个人物品和入关的最新政策，可查访 http://www.cbsa.gc.ca/noncan-eng.html

2) 准备文件。某些重要文件要随身携带，以便登陆机场时，海关工作人员检查。文件要翻译成英文，有的还需要配备公证书。或许有些文件不是马上用，但将来会用得上。把原件复印，以备万一丢失时有据可寻。如果是全家移民，则根据家庭情况准备文件。以下是需要准备携带的基本文件：

   - 护照
   - 出身证明
   - 婚姻证明，包括结婚或离婚、分居证明
   - 收养孩子证明
   - 孩子与父母关系公证
   - 已故配偶死亡证明
   - 教育文件：文凭、证书、语言证明（雅思、**GRE**、托福成绩单）和原国家所修课程成绩单等，以便将来在加拿大继续读书作准备。
   - 主要的医疗记录
   - 原工作推荐信
   - 移民登陆等文件
   - 工作简历以及英文翻译公证书

3) 确定居住地点，了解租房规定或买房注意事项，并尽快熟悉所居住社区的环境。

4) 找到居住地点后，则需要选择电讯公司，申请安装电话和网络等服务。了解基本常用电话号码。

5) 申请办理社会保险卡。详情可查访 http://www.servicecanada.gc.ca/eng/sc/sin/

6) 申请枫叶卡。详情可查访 http://www.cic.gc.ca/english/information/applications/prcard.asp

7) 申请医疗保险卡。每个省份医疗保险细节不同，可以向当地朋友/亲戚咨询，又或直接到当地医疗保险网页查询。

8) 寻找居住地附近的移民服务中心，以获得基本新移民服务和福利信息。寻找所居住区域移民服务中心，可查访 http://www.cic.gc.ca/english/newcomers/map/services.asp

9) 寻找家庭医生、牙医和公共卫生服务处。

10) 寻找银行并开设银行账户和信用卡账户，了解加拿大银行服务和信用卡服务条例，学习投资理财。

11) 寻找孩子读书的学校。一般来说，孩子就读是按所住区域划分，但也不是一成不变，最好询问朋友，以获得建议。
12) 寻找自己读书的语言学校或寻找工作。
13) 寻找教车学校，准备考车牌和买车等事宜。
14) 报税和退税。寻找报税会计协助，填写报税表，如果符合要求，可以获得个人退税或政府给孩子的儿童福利补助金。

如果完成以上步骤，祝贺你，移民安家第一步就算是基本完成了。接下来的是调节心态，适应新生活，面对新环境的挑战。

4、同学共进

当安顿好家庭以后，面对的是如何适应新生活，如何生存下去，如何养育孩子等等问题，而这些问题在新环境下有时会被放大，因此，做好心理准备的同时，还要用理智去指导行为，去面对迎面而来的新问题。

由于成长的文化环境不同，即便原本是英/法文专业的移民，来到加拿大后，语言依然是新生活的第一关，而"通关"的难易程度，除了原本的基础以外，还得看新移民有没有接受挑战的决心和毅力。因而，要过好这一关，全家一起共同学习，共同进步，是非常重要的，与此同时，"同学共进"不但让父母给孩子们竖立正面积极的榜样，而且可以有效理解孩子们，帮助他们减轻心理压力，尽快适应新环境，一起建立沟通良好的家庭环境。

政府和非牟利机构有完善计划帮助新移民学习英语，且多是不收费但有时间等条件限制的语言班，中学课程补习班，ESL（英语为第二语言）提高班等等。有的省市还有提供少量生活补助的专业培训证书班，因此，当安排好居住后，除了给孩子找学校，便可以开始寻求帮助，进行入学评估，选择入学地点。由于小学和中学的孩子们一般是上午 8 点后上学，下午 3 点后放学，且 12 岁以下的孩子不能自己独处于家，加上近些年出现的孩子被拐骗和伤害案增加，为了孩子安全且又不影响自己学习，家长最好有一方是在孩子学校最近的语言学习中心学习，以便自己可以坚持学习的同时，又可不影响接送孩子。

入读语言学校时需要水平测试，然后按成绩分级学习。尽管每个省的政策不一样，但都会有一定时间范围内的免费语言培训，而培训班的工作人员和老师都是经过专业训练。由于近年申请加入公民考试者众，对英文要求增高，所以语言培训中心的任务又加重了些，不但要教新移民学语言，还要承担帮助新移民通过申请公民考试资格的 4 级考试。无论参加哪里的语言学习班，参加时间多久，除了学到英文以外，还可以学到不少关于加拿大的历史、人文和生活知识，同时也可以结交新朋友，扩展社交圈子，增强适应移民生活的能力。

除了政府出资举办的语言培训班以外，如果希望将来到学院或大学进一步学习的新移民，还可以自费或申请免费参加托福班、雅思班和大学预科英文班，提高英文水平，以达到入大学的语言要求。我曾自费参加一些学院举办的英文写作和阅读班，在学习中开阔了视野，不但学到英文知识，而且学到写作和阅读技巧，学到加拿大严谨诚实的研究作风，这于我日后的专业学习和工作帮助很大，也激发了我用中文写作的欲望，提高了写作能力。在国内时，我从未参加过任何文学课程培训，但在这里修了一门阅读课，在老师的精彩讲解中，体会到了文学的更深层意义，因而影响了我往后的写作风格。

加拿大专上学院基本不设入学年龄限制，只要你符合入学分数等要求，大学的门会为你大开，这于想读专上学院的家长来说，是很幸运的。我读书时，班里既有 18 岁刚从高中应届毕业的同学，也有已经工作几十年、成了奶奶的人回来修读第二或第三专业，有的老师比学生还年轻，非常有趣。因而，新移民们不需要担心年龄问题，只要经济和健康条件允许，我主张到专上学院去继续学习，以获得日后工作的技能和文凭。当然，在加拿大专上学院学习并不轻松，甚至压力很大，是对毅力和能力的考验，必须要有恒心和信心。

我住在阿尔伯特省时遇到不少技术移民，当他们登陆加拿大以后，原来在中国或其它国家的专业和学历都不被承认，其中不乏怀才不遇，藏着博士学历去开的士、去洗碗。这些具备辉煌学历的新移民中，有的可能就如此消沉，但有的人不甘心如此过后半辈子，在一阵苦恼彷徨以后，决然重新读书，然后一步步走向自己梦中的工作。有的人学习能力很强，也很能吃苦，读了几个专业文凭，为将来找工作打下坚实基础。值得一提的是，我认识几位从中国来的女士，移民后婚姻出现变故，成为单身妈妈以后，在原本学历背景不被承认的困境下，重新走进课堂，学习会计专业和早期幼儿教育等专业，平均每个人都获得两个加拿大文凭或学历，其刻苦精神和顽强的生存意志让人敬佩。无论最终收入如何，在我心目中，她们是移民中的佼佼者。更让人觉得安慰的是，这些单身母亲培养出来的孩子们都很优秀，学习和工作也很自觉，年纪小小就开始成为母亲的精神支柱和生活助理。

与孩子共同学习的好处很多，除了提高自己的语言和专业能力，还可以更好地理解孩子的学习情况，可以与学校保持联络，与老师正常沟通，及时发现孩子的问题。另一方面，由于孩子学语言速度往往会比家长快，或多或少会担心家长不懂英文而让他们在同学朋友中丢面子，并因此产生自卑，有的孩子会因此瞧不起家长。当家长努力学习，以身作则，对孩子也是个鞭策，同时也可以以最快速度帮孩子适应新环境，建立自信和自尊。如果条件允许，家长也可以努力考入专上学院，修读一些实用课程，对将来找工作帮助极大，与此同时，也可以先行了解专上学院的学习与生活，为孩子将来选择大学时提供实用指导和忠告，成为孩子学业路上的同行者，可谓一举两得。

5、心理健康

无论在网上阅读多少关于加拿大的文章，从朋友交谈中了解多少加拿大生活细节，当身处实际环境中，感觉和际遇会大不一样，再加上能力，机会和最终运气等因素，实际面对和遇到的问题会很多，会有预想不到的困难，甚至移民后生活水平一落千丈。在新环境下遇到的所有实际问题都会引发心理震荡，尤其是技术移民，他们往往在国内事业有成，但又不如投资移民或企业移民般有钱，因而，工作和家庭收入成了心理压力的主要根源，加上加拿大找对口专业工作不易，这就增加了新移民的心理焦虑，久而久之，便会影响心理健康。轻则只是情绪忧郁，重则会因精神崩溃而引发家庭破裂、人财皆失，这样的例子不鲜见。有的新移民夫妻两地分居，时间长了也会引起留守加拿大的一方精神压力过重而产生心理疾病，又或因分居导致出轨等等。如果移民前做好心理准备，移民后根据具体情况加以调整和适应，保持一个健康心理状态，不但可以维护家庭稳定和睦，也可以为孩子们竖立榜样。

或许是刚移民时我不需要为生存担忧，每天过的日子也很简单，还没经历过现实生活风雨的洗炼，对人观察和理解力不够，因而对周围新移民朋友理解和体谅不足，现想起来一些过往的事，深觉愧疚。

2000 年我在渥太华居住时插班学英文，同学中有不少是来自世界各国的移民。一天，老师提及种族问题，一位来自法国的黑人同学说起孩子在学校被欺负，被歧视的事，满心愤恨，突然伤心得哭诉起来。她是一个具有良好教育背景、高素质女士，但在新国家却因肤色问题而苦恼、彷徨，然而，由于她丈夫是专家、博士，正在参与一项重要研究项目，她只好带着全家陪同先生来到加拿大，并在家做专职主妇。巨大落差与打击，很自然影响到她的情绪，继而影响心理和健康。当时我没遇见过被歧视的事，因而不理解她的感受，也不懂得去安慰她，以为是她过于敏感了。后来，这个班又来两个插班生，他们是一对来自深圳的年轻夫妇，约三十岁出头。丈夫阳光帅气，白天上课，晚上打工；妻子显得安静、忧郁，很少说话，只是从她偶尔的话语得知，他们的孩子被送回中国父母家寄养。随着我们慢慢熟悉，她很信任地给我电话号码，我出于礼貌接受了。往后的一段日子，她经常给我们家打电话，有时是吞吞吐吐，有时说话让人摸不着头脑，有时我接了电话，但她却是一阵沉默，渐渐地，我被她弄得有点儿烦，也就没太在意她。一天，当我坐在公车上无聊地往车窗外看，见一位女子不戴雨具，冒雨走在路上，神气似乎很茫然。我仔细看，正是这位来自中国的女同学。回家后，那情景像电影一样反复在我脑海里播放，她那茫然无助的神情刺痛了我，虽然我依然不理解她的内心世界，只意识到她心理有问题，需要帮助，然而，当我第一次拨打她留给我的电话号码时，他们已经不用这个号码，也不来上课了，我们失去了联系。十几年后，很多在生命中来来往往的人名渐渐淡忘，只有她的名字依旧被我记住，因为在她只需要一个简单的倾听耳朵时，我却忽略了她，因而心存内疚。

后来，随着自己艰难的人生经历增多，接触新移民也渐渐多起来，发现新移民群体里存在心理健康问题的人不少，有时，他们只需要一个聆听的耳朵，一只温暖的手，一个可以轻依的肩膀，便可以解决。几年以后，陆续遇到不少向我倾诉的新移民，我吸取以前的教训，不再忽略他们，即便我不能给予有力的援助，但起码可以倾听。

一天，当我接到一位被丈夫背叛的女性朋友电话时，从语音判断，此时的她不仅需要倾听，还需要走出一种绝望情绪环境。我没有受过专业心理辅导训练，但凭着一颗对女性怀有同情的自然心和零星的临床心理护理知识，觉得要亲自见她，于是，我巧言哄她来我们家。当她双眼红肿，满脸茫然地出现在我家时，为她而做的饭菜已经摆上了桌。她边吃边哭诉，吃得很少。吃罢午餐，我带她到附近的河岸散步，耐心聆听她的哭诉，等她慢慢平静下来，我再与她分析现状，以理解和尊重的心态尽量安抚她。回到我家后，我给她做晚餐，默默陪着她。当她儿子焦急得打电话来找人，我才知道她是突然离家的。几天后，我从其他朋友那里了解到，她那天情绪很激动，想自杀，我接听电话和热心接待，加上散步时的互相倾诉，让她释放了部分情绪，放弃了那次轻生的念头。其实，在帮她的同时，我也在帮自己，让自己更坚强面对人生。

新移民心理健康问题除了会引发个人忧郁、自杀，更多一部分人会引发家庭暴力，而施暴者多是男性。由于移民后压力太大，而家庭责任感反倒加重，因而，不少原本在国内春风得意的男人被迫从低层开始，又或得在工作场所承受欺压，但为了生存，很多人采取忍让态度，而当忍受欺压到一定限度，心理便会出现问题，于是，回家后便把气发在老婆和孩子身上，成了唯一发泄工作压力的出口。然而，这些家暴受害者不但在家要承受苦痛，在外面也要承受重新适应新环境的压力，于是，这种负面情绪在家里形成恶性循环，直接影响家庭成员的心理健康。由于华人爱面子，不愿把家丑外扬，在掩埋忍耐之下，往往潜伏着危机，于是便产生了职员杀同事，丈夫杀妻子和孩子、精神分裂者杀陌生人等惨剧，触目惊心，令人惋惜。

我曾遇到一个国内博士毕业生，他原本带着豪情壮志与妻子一起移民。他们来到加拿大以后，一直找不到相关专业的工作，也尝试重新读热门专业，只为生存。由于种种原因，工作问题始终不理想，他渐渐地消沉下来，后来，妻子离开他，另觅新枝，让他精神再受打击。当我见到他时，他住在一个分租的地下室，衣服邋遢，也没有什么像样的家具，说话有时不太合逻辑，精神恍忽，心理状况显然很差，且已经影响到精神健康，幸好他所受的教育让他保持良好的修养，让我们还可以对话、简单交流。

虽然以前在国内医院工作时，偶尔也会遇到饱受情绪困扰的病人，但在加拿大，朋友圈内便遇到不少这样的人，其比例令人感慨。然而，能力微薄的我，除了用小说的形式来描写，为他们呼出一些弱弱的声音，我奉劝已经移民和计划移民的朋友，在你看到移民生活阳光一面的同时，请别忽略了阴暗一面，做好承受压力的心理准备，以应付突如其来的挫折和困难，顺利在新家园里立足，建立美好生活。

第七章：杂文选编

（一）学习"新"中文

中国是一个多民族、多语言、多文种的国家，至于方言，更是被这些基本语种衍变得种类繁多。而每个民族或每种方言，又是随着时间的推移和文化交流的逐渐频繁，立足于自己的文字或方言，吸收了外来语种之词汇，又或是自行创建了新的词汇，使各自的语种得以发展。

汉语是中国的第一大语言文字，也是通常所说的中文。

50 和 60 年代人在该读书的时期，无奈于把时间花在了学工学农之中，古汉文读得不生不熟，现代文也读得不软不硬，倒是对文革时期的用语和词汇背得滚瓜烂熟。虽然传统的中文学习，我们不如台湾的同龄人，但经过成年后的自学，不少同年代的大陆学子还是很自信地认为自己的中文水平很不错，尤其是在北美，在这英文、法文和西班牙文为强势之地。

然而，我们都估计失误了。来北美不多久，不少人都有同感：怪了，中国人读不懂北美的中文！北美的中国人读不懂正处于飞跃发展时期的中国年轻人之"网络语言"！

在北美的大陆华人，无论离家多久，都有一个共同的地方：想读一些中文读物，以解乡愁。打开那一份份免费的、不管是加拿大哪个省份之任何一个城市的中文报纸，总有一些读起来怪怪的文字，诸如："争餐死、唔怪得、梗系、老窦、巴闭"等等。那些大陆或台湾来的朋友研究了半天之后，大彻大悟，都一致认为那是广东话发音，不约而同地来找我这地道的广东人，都期望我可以帮他们一把。

　　我也自以为是个广东人，或许这类广东方言的中文考不倒我，然而，我又错了！来加拿大半年后，我们租到了一套很满意的房子。房东知道我们是广东人，自然用广东话与我交谈。但对于"燕梳"、"企台"、"收银"、"执码"这类"专业用语"，我却是丈二和尚摸不着脑袋，不知所谓。为了日后能更好地为中国人"翻译"海外中文，我只好硬着头皮，问个明白了，企图学多些中国辞海都找不到的中文。

　　原以为回国或访问中国大陆的网站该可以不费吹灰之力就读得懂中文，可是，不上网、没回国还好，上了网或回国与人交谈，倒还把自己弄得更糊涂。才几年间，什么"斑竹"、"大虾"、"美媚"、"酷毙"、"哇塞"、"打造"、"面的"、"大腕"、"神马"、"动车"、"小 P 孩"……满屏乱窜，每一个字都认识，可就是组合起来让人眼睛昏花，脑袋空白。我急速搜索脑袋，却找不出相应的解释结果，还以为自己得了失忆症，冷汗直冒。

　　好长一段时间，我埋怨那些把汉语搞乱的北美华人和大陆的年轻人。然而，终有一天，我忽然醒悟，不再全盘否定那些发明"新中文"的同胞们了。

　　一天，我在英文班上介绍中国概况，其中有一段是介绍中国语言文化和方言。我强调汉语是我们的主要语言，同时我示范了一些象形文字，没想到老师和其他国家的同学都被汉语文字之形象和难度惊讶得叫起来。相比之下，那些母语是法语、西班牙语等语种的同学，学英文比我们容易多了，英文很多单词就是由法语、西班牙语、古拉丁文等国的文字演变而来，有些甚至是从中文译音而来，这大大丰富了英文的词汇量和表达能力，再加上后人不断创新，使得英文成为具有独特兼容的风格、能适应社会发展潮流的语种。

　　英文尚且能吸收各国甚至中国的文字长处，同时也在不断创造新字，我们中文吸收一些外文译音文字和创造出一些实用和生动的词汇，又有什么值得大惊小怪的呢？想通了，倒也罢，甚至我还有那么些埋怨前人，为什么不引进多些诸如"沙发"、"盘尼西林"、"维他命"和"巴士"之类的音译词，在丰富中文词汇量的同时，也让为英文而苦的我们少默背两个单词，按读音也就明白了英文的意思，省点大脑的内存空间。

　　善于随形势发展的需要，吸收别种语言之长处，才能更好地让祖传的语言文化得以增添新血液，增强生存的活力，使原有的语言适应社会需要而发展；而学习正在发展、不断创新的语言，才是我们适应这个日新月异的世界出路之一。

　　在中国各民族之间，语言文化的交流也因社会的发展需要和交通的便利而互相影响。同样，在网络资讯发达的现代社会，面对信息数码时代的冲击，世界各国的语言也在经历一次很大的变革，文字也成为信息弄潮儿，尤其是网络语言，新词、引进词将会对地球的每一个人都是一个挑战。我们没有理由退却，只有学习！

（二）异乡月圆时

　　一个美丽的初夏，我糊里糊涂地随家人飞来加拿大。自离开机场那一刻起，我心里既充满了好奇，又满怀不安。我能适应这儿的生活吗？我可是把那文革后期向俄语老师学来的丁点儿英文还给老师了！还有，那中看不中吃的西餐是否会让我那挑剔的胃倍受折磨？这儿的人好相处吗？

　　很快，那段新鲜和惶惶不安的兴奋期过去了。我们租了一套独立的老房子，很让我开心的是，那儿有一颗很大的苹果树和一个大院子，房子的构造如同我以前看过的外国电影里的民居般，温馨、实用。与我们院子只有小路之隔的是一个教堂。每个礼拜天，都有清一色的洋人去做礼拜。

　　在一个明朗的星期天，我在这如梦的大院子里胡乱地种下已育好的甜豆苗、玉米苗、菜苗、花苗等。因为是第一次种东西，实在是不知如何操作，手忙脚乱不说，居然还把那刚开花的蒲公英移来院子内最显眼的空地来种。那些去做礼拜的人们经过我那矮小篱笆的院子，都很友好地向一个在胡乱摆弄花园的中国女人打招呼，有些人还会好奇地与我聊一会。因为我们是这区少见中国人家庭，且这房子的前主人不爱打理院子，经常是冬、春天雪盖满路，夏天草在疯长，秋天落叶满地，还有一个很不友好的大狗，这自然引起邻居们的不快。有时，社区的行人们会在傍晚时分，与又在摆弄花园的我，手脚并用地聊天，还忍不住地教我一些基本的园林知识。

　　到了秋天，正是苹果成熟，土豆、瓜菜收成的时节，我与友好的邻居们已比较熟悉了，于是，交换"丰收"成果也就成了我们最好的串门借口了。

　　也正是这秋天时节，看着树叶渐渐变色，那居住在广东四季一色几十年的我，开始心神飘荡。中秋时节的唐人街是显得比以往热闹，月饼摆出来了，还配上了极为奢华的外衣，可折回人民币（好长时间都改不了这幼稚的思维方法）却如天价。柚子如陈年的货物般失去了光泽，懒懒地靠在货架上，这对崇尚新鲜的我无疑是一个打击。找不到带有泥土芬芳的田螺，就意味着失去中秋特殊的炒螺欢歌。新疆的奶葡萄在哪？广西的沙田柚在哪？有广州陶陶居的月饼吗？唉，早知道今年的中秋要在加拿大过，去年的中秋我就多吃几颗新鲜的菱角，多啃几个传统蛋黄莲蓉月饼了。不看到那极具诱惑力的月饼广告也罢了，就当忘了是中秋，可偏是这唐人街的中秋信息就总是不死不活地，不停撞击我已经患了"重度"思乡病的心。沮丧的心很难让我继续游荡在唐人街，于是，我随意买些常用的食物，急速离开这让我更伤感的唐人街，去寻思安慰孩子和远方母亲的话语。

加国的秋天极美，阳光依然充足，街边的树已纷纷抛弃了原有的绿，换上了艳丽明亮的秋装。各色的高树矮丛互相穿插，与那依然翠绿的草地、精致小巧的民居，还有那在草地上疯玩的孩童，构成了一幅绝美的动态自然画。看着玩童，想到不知他们是否也如我童年时般有过的画家梦，不知他们是否也会因为玩疯了而回家受罚。

秋阳渐西，林间飞扬着金黄点点，轻洒路面，诞生了一串串跳跃的音符。直稳躺下的则一派逍遥，轻翻飞舞的则一阵欢快。忽然，秋风骤起，似淘气的小男孩莽撞地搅乱了落叶的短暂秋聚，而后释放出不羁的狂笑，带着恶作剧后的得意离去。

坐在车上，望着这没有枫叶的美丽城市，多了一份无奈，多了一份乡愁，也多了一份买不成应节食品的沮丧。想起在广州的中秋，在凉爽心舒的晚上，在依然油绿的大树下，铺一块大布在并不平坦的草地，邀来好友一群，点上蜡烛，放在大红塑料桶里，喝着芋头糖水，分吃着甜甜的陶陶居月饼，吸着香喷喷的田螺肉，品尝各地的精美水果，大谈天南地北的趣事，耐心地等待着年年都见的圆月。而今，家外有很大很平的草地，可温差的聚变让人不敢想象中秋在外赏月的浪漫，更何况少了炒田螺的香味，少了孩子们因灯笼被蜡烛烧坏的哭声，那种落寞的清秋是无法与家乡的爽秋相比。这会是一个什么样的中秋？一个从未认为外国的月亮比中国的圆的思乡者之问。

刚回到家，一阵急切的电话铃惊醒了还沉浸在思乡中的我。一位认识才几周的、从台湾来的朋友说："来我家过中秋吧，我们都是中国人！"我被这突然的邀请而感动，什么都来不及想，只是傻傻地连说：好，好！

朋友住在一个三层结构的洋房，远远地就闻到了烧烤炉散发出的诱人香味，一个大大的落地玻璃门正对着阳台，把吃饭厅与外界完美地相连。绝了！赏月也不必被冷风折磨了！我们吃着中西混杂的晚餐，谈论着各自小时候的儿歌和趣事，谈论着歌后邓丽君，谈论着中国的传统文化和历史，谈论着中国大陆的经济变化和对小孩的教育。我们是同龄人，都没有谈论政治的喜好，然而，我依然感觉到，还是那股浓浓的同根之情联系着我们，尽管我们生长在不同的环境，尽管我们的普通话有不同的口音。

月亮出来了，虽然还是被一层薄云缭绕，但却是感到依然亲切和熟悉，隐约之中似乎又见到了嫦娥在挥袖起舞。瞬然，我想起了小时候听过不知多少遍的古老月亮传说，没想到，在台湾长大的他们也都是在听同样的民间故事中长大，他们热烈地应和着我，仿佛我们又回到了儿时，仿佛我们过去就是一起在草坡上捉迷藏的小玩伴。大人们在起劲地说，孩子们在痴迷地听。

当孩子们还沉醉在故事里没缓过劲来，女主人端来一盒精致的月饼。那盒子的图案令见惯清一色俗气月饼盒的我为之一震，我没想到中国人爱用的红色、黄色、月 亮、牡丹花等能在这小小的盒子面上以中国工笔画的手法，巧妙、协调、优雅地统一，既不失传统的热烈色彩，也不至于落入俗套，很是佩服这图案的设计者。主人告诉我们，这是他们的父母用快递从台湾寄来的。好事的我问：花了多少钱寄费？答：几倍月饼钱。我不禁感叹，那是一份浓浓的、不能用钱币衡量的亲情！

没有吃到家乡的传统月饼，却在异国吃到了来自台湾的月饼。同过一个节日，同赏一个月亮，同吃一盒月饼，这是我在异国新故乡的第一个中秋节。

几年过去了，由加西移到加东，又由加东飘到加西，住过了加国的几个大城小镇，在各地的中秋家宴中，也尝试了不同的唐人街的月饼，获得了不少与朋友在异国赏月的体验。然而，那第一次在异国过中秋之情景，始终如一部电影般，时时温暖和安慰着我那颗离家思乡的心，让我也学会了在异乡月圆时，与思乡人分享我为他们而备的真诚和快乐。

（三）冬吻落基山

曾在一个美丽的夏天，浅触落基山，在熙攘的班芙小镇，留下了迷茫的脚印。时隔 10 年，2007 年圣诞日，我与友人逃离市区的喧哗，避绕常人游玩的路线，从加拿大西部卡尔加里出发，途经卡娜娜斯基丝区域，进入神秘的山脉，贴肌于森林石丛，吸吮清澈空气，亲吻落基山，在寒冷的冬天。

友人娴熟地驾驶着车，款款而谈，介绍着知名地段，述说着或有趣或黯然的故事，如歌，如乐，如童话，抚缓我内心的波涛。心，渐渐安宁下来，随着车身，进入山巅石丛，让我触及自然的妙韵，进入冥想。

原以为进山后会收获文字，采撷激情，沉淀诗句。可越深入群峰，却越觉思维凝固，灵魂被眼前的宏伟震慑，被祥宁与深邃穿透。挺进深山高原，白皑皑的纯雪夹着深绿，罕无人迹，引领我忘却现代文明，进入纯美，融于自然，享受绝美孤独。车里的音响，在寂静的山脉中，突然播出贝多芬的交响曲，我惊讶，渐而感动，无法抗拒友人计划中细致温暖的一部分。

"听吧，欣赏吧！躲在家听贝多芬狂想曲，与在群山怀抱中听命运交响曲，是否截然不同？"

友人的启蒙口气，有点儿戏谐。

面对着一个与莫扎特、贝多芬音乐相拥成长，游历酸甜苦辣的人，我的音乐素养显得苍白，我的文字也显得萎靡，心，更显幼稚。

随着温河的引领，路段转而突降，直下深谷，在血液的离心作用下，心变得紧缩慌然。睁开茫然的双眼，往右边的深谷张望，一个幻想电影般的镜头惊现：在群山中，有一小小的平地，安立着约16000人口的著名旅游小镇——堪墨，如西域雪峰掩盖不住的小明珠，在宁静环山抱绕中款升炊烟，演绎着人间简朴 温馨的故事。我惊讶，仿如古人陶渊明的灵魂与我同游，引领入画。未见桃花，却观雪花。喋喋不休，无法道明内心的诧异，欣喜。

温河流经熙和小镇，变成清澈小溪，流水淙淙，不见浮雪，一对鸳鸯在溪中闲游，仿如不知深冬。我诡秘地一笑，对友人说："走吧，寻找一条捷径，回城！"

我面朝人工石林，却心系山脉，细细回品着远去的痕迹，整理着变幻的思维。雄伟而又宁静的落基山脉，每一块石头，宛如史诗的章节，记载着或是自然或是人为的历史，然而此行，我不追寻历史，不循地理而行，不觅生物踪迹，只任由自己的眼睛，掠获撼动的刹那时分，把敏感而又多情的心，捧现于古老的山脉， 聆听着山风啸鸣之歌。用我简单地思索，去寻找自然赋予的智慧；用我活跃的灵魂，去捕撷瞬然的精致。

以古人的姿态进山，以现代人的收获出山，冬吻落基山！

（四） 骑马看夕阳

在中国南方城市出生长大的我，从未想过会爱上骑马，更没想过在寒冬时骑马看夕阳的浪漫，可这诗意浓郁的画面，确实把我的影子描画，在加拿大美丽的落矶山脚下，在一个世外桃源般的村庄。

几年前的一个圣诞前夕，女儿受邀参加一个冬令营，地点在落矶山脚下的一个小村庄，为期四天。由于女儿尚小，我也就跟着去。

冬令营活动内容丰富，激发了我已不年轻的细胞，唤醒儿时早眠的童心，放肆地与营友疯玩。两天下来，该玩的节目如射箭，穿印第安人的雪地网鞋登高，玩扫把球和滑雪等，都逐一玩遍，唯有一样不敢触碰——骑马！

曾经也对骑马有过幻想，但无奈于我对动物天生的恐惧，于是，也只是借女儿的书"**Black Beauty**"来过个眼瘾。而今，机会在前，总不能闲坐着看书，可一方是对动物的恐惧，另一方是爱挑战新事物的个性，双方在激烈争斗，把我搅得不知所措。

矛盾中，悄悄问女儿："骑马可怕吗？"

问罢，也觉自己傻得可爱：女儿自 9 岁就随同学骑马去，技术已经比较熟练，对骑马的热情有增无减，答案是明摆着——好玩极了！

在女儿的鼓励下，我挪动脚步，走到登记骑马的桌子前，拿起了笔，填上了我的名字。天，心跳怎就如此混乱？就像是准备上刑场似的，我自嘲地笑了笑。

"骑马的队员跟我来。"一个美丽而又结实的乡村姑娘甜美地呼唤着。

跟着队伍，来到马棚，接过头盔，开始听训。

"谁是第一次骑马的，请举手。"姑娘问。

"我！"呵，只我的手举起，似乎在与周围的枯枝竞高。

偷瞄了所有的马，个个威武高大，心不禁更是慌乱，幸好脸皮被冷风吹得麻木，感觉还算厚，于是，我不在乎一切地说："能分给我一匹温柔的马吗？"

终于，分得一匹小马。说是小马，还是健壮无比，好不容易在队友的帮助下胡乱爬上了马背，手脚已经强硬得像是脱离了我的躯体。

领队还在训话，我的马却比我还不奈烦，不停地跺着步，仿佛在向我的信心发出挑战。

"小马呀小马，你能老实些吗？我还没听完骑马的注意事项呢，更不知道如何让你走动。"一时着急，对小马说中文，没想到小马还真安静了下来。"不错，加拿大的马也会中文！"

好了，受训终于完毕，开始前进。

我紧紧抓住缰绳，那一刻，我突然明白了"救命稻草"的威力。手心在这寒冷的冬天居然冒汗，"这都是马儿你惹的祸"。想归想，可不敢说出来，真担心这马连我的家乡话也明白。

一路看风景，一路听团友们开玩笑，渐渐地，感觉自己的四肢开始回归躯体，绷挺的背也开始柔软了下来。

约溜了一个小时，带头马开始奔跑了起来。虽我是第一次骑马，但也不想在这冰天雪地里落伍而后与狼共舞，于是，我也开始现用刚学的技术，让马奔跑起来。

马在森林间奔跑，树在快速后退，好一番飞驰带出的畅快！

约又奔跑了半个多小时，我们来到一个小山坡顶，停了下来。

抬起头，展开视线，我不禁被眼前的辉煌气慨给震撼：远处，夕阳正在与落矶山缠绵，慢慢地降落，周围的晕光，把冬树的枝桠描绘得精致。我如电影上的主角，骑在马背上，昂扬地看着奇美无比的冬日夕阳，那心灵的震撼，那浪漫，令我感动。可我不能哭，不想让眼泪幻变成冰，留住，留住，那最美的一刻和我珍贵的眼泪。

我不知道别人是否与我一样感慨，可心在告诉我：迈出这勇于尝试的一步，会得到意想不到的收获，就如此时在马背上看夕阳，一种前所未遇的壮美！

"Try it!"给自己第一次机会，不要惧怕！

（五）献给来自英格兰的父亲

在我年幼时，亲生父亲就因癌症去世，父亲留给我的印象，是母亲对父亲的回忆故事和一张永远年轻的炭画遗像。

我梦想有个父亲。体弱文静致极的我，每当在外被男孩欺负时，唯一存有的天真想法：如果我有父亲，瞧你们谁敢欺负我！可母亲对父亲情深爱浓，尽管她当时依然年轻美丽，但却守着父亲的遗像和孩子们，终身不再嫁。随着年龄增长，我也渐渐理解母亲，于是，渐渐放弃了这个梦想。

流浪了多年，在加国的牛仔城，偶遇一对老夫妇，他们的和善和热情，渐渐又唤醒了我那放弃的梦想，让我如愿以偿地享受到父爱，在我生命史中，永远并入了一个来自英格兰的父亲名字——Paul。感谢上帝，让我遇到许多真诚的朋友，感谢上帝，让我在孤独时遇到了这对老人，我的无血缘父母。

想起你 84 岁时，清醒稳步的你，用标准的绅士姿态，为我和女儿打开车门，并开车带我们去参加你太太……我的异国母亲主持的一个晚宴，我内心的感动与尊敬油然而生。那绅士风度，从此深深刻入我的心灵。

想起异国母亲与我们到游乐场游玩，你用传统的英格兰做法，给钱让她为我女儿买糖果，让我首尝传统的西式父爱。

在我们相识后的一个周末，我们到外就西餐，你慈爱地传教各种传统的英国就餐礼仪和西方人生哲学，让我学到了实用的生活常识和体会了父爱的坚实。

一个夏天，我们一行三代四人开车到美丽的落矶山，按着书本，寻找稀有野花品种，那愉跃情景，时时让我陷入回忆，至今，心依然甜蜜和快乐。

想起你嘱咐出差到东部的妻子，拍下我们移居东部时住址照片，作为你思念我们时的慰藉，感动的言辞难以用我有限的文字表白。

想到你第一次突然给我们送来那将近 500 张各国各时期的新老邮票，我的心，禁不住慌乱、颤抖，久久难以平静：那可包含不少珍贵邮票呀！可你如玩童般，笑着说：这是上帝送给我的礼物。从那天起，我开始了集邮。

记得有一次，我们回到卡城，黄昏时节，我与女儿依偎在你身旁，谈论邮票。我那仅有的丁点邮票知识，也让你如孩童般快乐，开谈你也拥有的珍贵"黑便士"邮票。我虽不敢提出一见那世上仅存几张的"黑便士"，但我的心已经迷醉……我终于能依偎在父爱如山的异国父亲身边，任性谈笑，帮你整理丰富的邮票，听你诉说邮票和漂泊故事。

远在你 18 岁时，你离开富裕的家，只身从英格兰飘洋过海，来到加拿大中部，随身带着的，除了你的邮票，就是你父亲买给你的小提琴，而今那把琴已经表面斑驳。你虽也是 80 多岁高龄，但每个星期二傍晚，你都会带上我女儿和你妻子，一起到老人院为老人演奏小提琴。也就是这把琴，多年来带给了老人院老人欢乐。

而今，你因患骨癌去世九年，每当我看到当时在追悼会拍下你的小提琴照片，都会想起你；每当看到有小提琴图案的饰物（你的最爱），我都会买下，送给你的妻子……我的异国母亲。

在我与异国母亲相聚的日子，我们还是用着你特有的牵手方式，做餐前祈祷，并深情地对你回忆。

曾看过你的儿孙们给你整理出来的传记，心有所动，也想给一生经历丰富的你写些文章，可却因为太忙而未曾动笔。

我再回到卡城，与异国母亲相谈，心依然恋念。美丽之夏夜，该是整理思念的时刻，默默回忆着，用女儿般特有的真诚，用我的母语，用简朴的文字，纪念没有血缘关系的英格兰父亲——Paul，并说声谢谢！

（六）夏访落矶山

1、城堡山营地（Castle Mountain Campground）

缓下脚步，远离喧哗，到山野去，到森林去，拥抱落矶山，在盛夏。这是我第 6 次游访落矶山，在不同季节、不同点切入，每次都有不同感触，都有新的收获。

13 年前盛夏初访落矶山，糊里糊涂记不清任何事，只记得山上有直指云天的树林，有蓝得夸张的湖，有誉满全球的班芙小镇。13 年后的盛夏，再从同一点入山，山还是那山，水还是那水，可心已历磨练。不管是"冬吻落矶山"，还是"秋行落矶山"，每一次都如匆匆过客，只在山野里留下浅浮的脚印，用相机轻点古老的矶石倩影，而后匆忙离去。此行心情复杂，是告别之旅。

从爱德蒙顿出发，穿过卡尔加里，由堪墨小镇（Canmore）切入，直入群山。车沿山路而行，进入班芙国家公园区域，群山如热情的主人，在晴空下展臂相迎。看着车窗外风景变幻，回想着曾经从老山口入山的往事，还有原住居民的传说。

车行于弓河谷（Bow River Valley），远远地便看见城堡山。山上部分的石纹依稀可见，在阳光照耀下，显得金碧辉煌，宛如童话故事中的公主居所。山的下部分与上半部分决然不同，密密麻麻的树覆盖了整个下半部，远看像一张绿色毛毯围裹，充满了神秘感，让人充满遐想。

车朝城堡山方向行驶，越近，眼前的山越见清晰。山的上部是岩石，线条粗犷，犹如一个浑身充满阳光的男子，在炫耀着大自然的力量；中下部长满树，阴柔有加，仿如一个披着绿色斗篷的含羞少女，依在恋人的怀里，倾听故事。我惊诧于这刚阳与柔阴浑然一体的山。这山，撞击我联想的按钮，引发我兴趣。

城堡山最高点为海拔 2766 米，位于班芙和路易斯湖之间。据说十九世纪一位地质学家和医生赫克托（James Hector）在考察落矶山时写道："河谷中央矗立着一座与众不同的山……这山看起来像一座巨型城堡。"（原文为"Seeming to stand out in the centre of the valley is a very remarkable mountain... which looks exactly like a giant castle."）1858 年，这座山因形似城堡被赫克托命名为"城堡山"（Castle Mountain）。1946 年 1 月 9 日，美国将军艾森豪威尔（Dwight D. Eisenhower）访问渥太华，为表彰艾森豪威尔在第二次世界大战做出的贡献，时任加拿大总理麦肯齐（W.L.Mackenzie-King）把"城堡山"改名为"艾森豪威尔山"（Mt.Eisenhower）。1979 年，在公众要求和压力下，政府把"艾森豪威尔山"还原名为"城堡山"，并以山中一个峰名为"艾森豪威尔峰"作为妥协，于是，城堡山便以初名流传至今。

沿弓河谷风景区行驶，按山路旁的指示牌指引，很容易找到处于城堡山前的露营地（Castle Mountain Campground）。营地距班芙国家公园 34 公里，距路易斯湖 28 公里。虽说名叫"城堡山营地"，但离城堡山主峰还是有一段距离，也许正是这段距离更令营地成为露营者之爱：傍晚走出营地，步行约几百米处，可以看到夕阳映照下的城堡山主峰近景，令人震撼，叹为观止。

这是班芙国家公园管理下的营地，内设 43 个帐篷点，有供应冷热水的公共厕所，垃圾箱等，不设冲凉房。入营处设有交费点，自己填表办理驻营手续，不需要预约，先到先选。交费亭内有简单收费说明和表格，还有收集现金或旅行支票箱，也可以信用卡付账。每个营位收费$21.5 元/每晚，营火费$8.80/每晚，各棚点基本设施有野餐桌子、自来水龙头和营火点。公园管理员会定时查巡，以保露营者安全和服务质量。

因是周末，已经有不少帐篷驻扎，五颜六色，形状各异，像树下色彩斑斓的磨菇，点缀着夏的山林。帐篷区内多数是以家庭或朋友为单位的大帐篷或旅行车，也有夫妻、情侣和单人小型号帐篷。

营地小道边，长着各色野花和野磨菇。白色的野菊花，火红的印第安红油花，黄色的山蒲公英……营地中心有一条小溪，水清见底，急流不息，喧哗作响，活力无限，小溪的流水声触发我回忆。想起十几年前到庐山旅游时初见溪流，吃溪流冰镇凉粉，感慨时间的流逝。

想着能在群山中，在森林里，当一切都睡去，而近处有不息的水流做伴，能听到流水撞石声的浪漫。我决定择水而居，设营扎帐。

天未全黑，我在溪流的欢唱中昏然欲眠，仿佛要把几年积累的疲惫，在群山怀中卸下。朦胧中，溪水在星光下轻吟，唱着夜曲，我如婴儿般，在群山的怀抱中深眠。这一夜，我心静得回到归尘归土的原始状态。

2、约翰斯顿峡谷（（Johnston Canyon）

依着上班时期的惯性，醒来尚早。晨光从树顶缝隙射下，照在绿色帐篷，诡秘地闪烁着光，让单色的帐篷顶蜡染般花俏起来。外面传来一阵山风，带来稀落水滴，轻点篷顶，滴答作响。我懒洋洋地躺在帆布床上，在暖暖的睡袋里听风挥鸣，听溪流吟唱，思考着无主题的问题，让思绪随意飘摇，让心飞翔。能相拥自然，听鸟晨歌，不需在城市街道赶路的时刻真暇逸，于是，我刻意把此时的一秒放大成一年，以城市的小资心态，仔细品味着野外的悠闲。

早餐很简单，一杯咖啡，一碗燕麦。然而，能在野外，在群山怀抱中有如此现代的早餐，是何等奢侈，我感恩地享受着。突然，一阵犹如女人哭喊的声音袭来，令人慑息。见是一只大乌鸦从树顶飞过，发出一阵莫名其妙的叫声，不觉暗笑起来。

收拾餐具，穿好防滑护踝行山鞋子，备好行山背囊，准备到约翰斯顿大峡谷（Johnston Canyon）行山。因有朋友带领，且不打算爬危险的山或行走很远，我只是备着基本的用品和食物，诸如三文治，熟鸡蛋，橘子，巧克力和水，备有防蚊喷雾，防晒霜和止血贴等。为了保护自然生态环境，我还备了一个小垃圾袋，以便把餐后垃圾带回公园的垃圾箱。

车沿着弓谷路班芙方向开，约在班芙以西 26 公里处，便可看到一个停车点。我们早到，停车场的车稀少。停好车，再次检查行装，便朝山径入口处而行。

入口处立着一个牌子，有地图和简介。约翰斯顿大峡谷是落矶山著名行山点之一，峡谷内因风景独特的约翰斯顿河（Johnston Creek）而吸引众多游客。河水源于城堡山北面，由高而下分三部分：墨壶（Ink Pots），上瀑布（Upper Fall）和低瀑布（Low Fall）。从停车场算起，最高点 215 米，单程 11.6 公里，来回不停行走约要四个多小时；上瀑布高为 135 米，单程 5.4 公路，来回行程约两小时。下瀑布高为 30 米，单程 1.1 公里，来回约要一小时。瀑布汇流经班芙国家公园（Banff National Park），然后汇入弓河（Bow River）。

我们先朝大众化行山路线的约翰斯顿峡谷低瀑布（Johnston Canyon Lower Falls）进发。一路上，我心怀好奇，观溪流，寻野花，戏飞蝶，脚步轻盈，心神荡漾。瞬间，我觉得自己年轻起来，忘却自己的年龄，心如孩童。一个小时在风景如画、奇石激流旁显得短暂，回程时，相机捕捉了不少画面。

游罢低处瀑布，我兴致依然，体能充沛，于是，我们朝着高处瀑布（**Johnston Canyon Upper Falls**）进发。

这段行径比前一段难走，有些地方陡峭，我虽有些胆怯，但在好奇心驱使下，这天生的胆怯被掩盖了。随着高度增加，路越趋崎岖，奇石怪树渐多。古老的山石，年轻的水，让我抑制不住兴奋，恍若进入某个历史故事。一会儿拍照，一会儿拍录像，把自己想象成国家地理杂志的"女摄影家"。然而我那傻瓜相机和为女人手袋设计的小录像机，还有那非专业的摄影技术，让我怎么也不能准确捕捉眼睛所看到的景色，怎么找角度也拍不到完美的照片，怎么努力也表达不出 8 千年山水变幻的自然历史奔涌于心的震撼。面对着如此奇特美景而无法表达，我唯有叹息。

走到一段悬挂在悬崖上的桥，面对奔腾的河水，尽管对面的叠嶂奇石诱惑，我禁不住微微颤抖，不敢正视脚下深渊。我颤抖着脚，缓缓前行，实在无法继续假扮国家地理杂志"女摄影家"的角色。前面风光无限，诱惑我疾步走过悬桥，到达桥与山路接壤处，放下了心。我站在塌实的山路，远远地欣赏河水欢流，瀑布急泻而下的风采，心依旧狂跳。

赏景拍照，偶尔与行山人打招呼，闲聊两句，不觉累。走在山间小径，可以听到来自不同国家的语言，感觉像是行走于国际舞台，新鲜有趣。然而，此行除了惊诧于古老山河之美，我更惊诧于父爱的魅力。

很多年轻家庭远到而来行山，一路上遇到不少年轻父亲背着婴幼儿行山，行就山景与人景的完美结合。那温馨景象让我感动，仿如我是年轻父亲怀里的婴幼儿般，在酣睡中感受父爱的温暖。已记不清我是否曾经有过这种父亲怀里的温暖，但见如此之多的父亲背着孩子行山、爬岭，很敬佩他们。我确信曾领受过父爱，在父亲去逝前。群山如父，在父亲怀中撒野，在山的宽容，水的柔情中回归本性，幸福！

未见瀑布已闻其声，越近，声音越欢，气势越大。到了山上瀑布，瀑布从高处直流而下，与石头和悬崖下的水撞击后的声音伴着一阵阵水气，迎面而来。瀑布前有条小桥，直通到主瀑布边的一个小山洞，小桥上游人如梭。我好奇随人流过桥，走进湿滑的小洞，看着另一端的水流，体验一下"水帘洞"的滋味。我不知道它是否有名字，面对这个小洞口，我却想起《西游记》"水帘洞"，想必那一刻，我寻到了童真。

我转换角度拍照，虽然热情依旧，但体力已经开始透支，有点儿心有余而力不足，我无奈地停下脚步，寻找地方歇息。我们在瀑布旁的休息区吃午餐，小心把餐后垃圾装进预备的垃圾袋，放进背囊。

回程路上，见有孩子在围着几个花栗鼠观看。我停下脚步，也与孩子们混在一起观看。鼠儿站在石头上，瞪着好奇的眼睛，看着我们。我不禁偷笑：到底谁在看谁？谁是这里的客人？

我们是山水的客人，是尊重自然的旅者。

3、路易斯湖 （Lake Louise）

路易斯湖因风景壮丽，静谧优雅而闻名，为班芙国家公园湖中之首，不少人从世界各地慕名而来。

路易斯湖长约 2.5 公里，深 90 米，曾三易其名。原住居民称为"小鱼湖"（Lake of Little Fishes）。1882 年，因湖水的美丽颜色，被太平洋铁路工程师威尔逊（Tom Wilson）命名为"翡翠湖"（ Emerald Lake）。1884 年，为纪念维多利亚女王的第四女儿、加拿大总督洛恩侯爵（Marquess of Lorne）的妻子——路易斯公主（Louise Caroline Alberta），于是，这美丽的湖被第三次改名：路易斯湖。

湖水因落矶山冰川化雪携带丰富矿物质而形成多变色彩，时而翠绿如宝石，时而如蔚蓝晴空，时而灰蓝如蒙上纱丽的宝石……此行，湖水因含钙质过多而呈灰蓝色，在天与树的映照下，泛着或亮或暗，或蓝或绿的微波。湖边的山顶依然有积雪，灰白相间，刚柔接壤，像凹凸的帐幕，矗立于远方，不需投影也蕴含天然而成的画面。与山隔湖处是一座豪华旅店，远看像一张带洞的屏幕，与山对望，把湖夹在中间，相映成趣。从旅店的角度对着湖远望，灰蓝色的湖在层峦叠嶂的山间静立，湖水倒映着山，山更显威武，湖更显神秘。山湖相依，犹如一个男人，环拥心爱的女人，在天穹下凝视相望。我不知道若干年以后，路易斯公主与洛恩伯爵的爱情故事是否会在这传扬，是否会被后人改编成美丽传说？

刚劲有力的山和柔情无尽的水完美结合，还有迷人的湖水，这路易斯湖的景象深刻印在加拿大心里，成了加拿大的象征之一。

湖里有几条独木舟划行，轻盈悠然，在盛夏阳光下，舞跃，徜徉于闪着耀眼光芒的波纹间，如音符，在湖波中谱曲，用动态演绎天籁之音。此刻的我，即便没有琴弦左右，心已起舞。

我悠然行走于沿湖小径，寻找着角度拍摄山景。小径旁长着各色野花，在湖风中摇曳，丰姿迷人。我矮下身驱，以谦卑心态，把镜头对准野花，往远山拍照，惹得游人好奇，悄悄低头看我。

旅店前的花很艳，让我禁不住流连忘返，痴迷而贪婪地按下快门，把花尽量"占有"。坐在灿烂花丛边拍照，是我儿时的愿望。花前的我，被花的艳丽迷醉，被繁花的娇娆震慑。担心自己老去的容颜有损花色，于是，我怯怯地在花丛边坐下，赶紧拍一张照片，圆梦。

十几年前的夏到此一游，当时走马观花游览几个湖，拍了些照片也就忘了什么湖与什么湖。而今重游旧地，往事如风，轻涌回旋。

太阳西下，我依依不舍地挪移脚步，一步一回头，悄然离去，不惊动山与湖的热恋。

4、班芙小镇（Banff）

班芙小镇位于落矶山群山之中，面积约四平方公里，是加拿大著名旅游地。小镇起源于 126 年前，正式建镇于 1990 年，约有八千居民，设施齐全，是集休闲、会议、文化、旅游服务等为一体的美丽小镇。

"麻雀虽小，五脏俱全"，这句话用于形容班芙却也是极为恰当的。从五星级旅店到小咖啡店，从古朴民居到庄严教堂，从小杂货店到连锁超市，还有小型剧院和图书馆……只要工作在此，不需离镇，便可在群山众水包围中活得脱俗，充满诗意。

镇上唯一遗憾的是众多的车，虽然车速缓慢，但依然破坏了小镇的安宁。然而，离开了车，却也是难以从山外进山，更是无法游山。1883 年，加拿大建立了铁路，火车经过班芙区域到达路易斯湖，于是也顺应带来游人和货物，带来了外面的世界。

行走于街上，偶尔听到火车鸣笛，唤起联想，想起张翎笔下的《金山》，想起她说过的关于写《金山》的初始念头……想起百年以前，淘金热下的加拿大西北太平洋铁路下累死的中国劳工……

十几年前与年幼的女儿携手在镇街道懵懂行走，除了惊诧于周边风景奇美以外，思绪贫乏，没有太多感觉。也许当时只是以游客的心态，又或是以旁观者的眼光，又或说是未历风雨。而今重游旧地，行走于满是游客的街道，"主人"的念头突然而生，百感交集。

不知道我百年归老以后尘落何处，但站在此地之刻，我有了归属感，尤其是在群山拥抱中，我感受到了大自然付予的力量与启示。

夏访落矶山，与山深情相拥，怀着感恩与对自然的敬畏。

（七）谷仓舞会

朋友邀请我到一个小村庄参加谷仓舞会，同事们惊讶于这个英文词语出自于我，更羡慕我能参与这源于欧洲、渐失流传的民俗聚会——Barn Dancing。

带着同事们的祝福和萌发的童心，我与友人欣然上路。目的地是爱德蒙顿（Edmonton）以北约 200 公里的牧马庄园。庄园主人是早期欧洲移民后裔，被邀请的客人均是她的朋友、顾客和亲戚。

车飞驰于空旷坦直的郊外公路，游过划分田野的小路。繁华的世界远退，宽阔的田野和天空呈现于视野。我们边闲聊，边观景，闻着带青草香味的风，细细品味夏的魅力。

阿尔伯特省的七月是阳光恩宠的时节。无际的麦田如深绿绒毯，温柔地覆盖肥沃的土壤。抽穗的麦子挺着身姿，相依互拥，炫耀夏的色彩，炫耀孕育的骄傲。油菜花已经开始着妆，如同青春勃发的少女，张扬着特有的艳美，吐出鲜黄的色彩，明黄一片，翠绿一片。这黄绿色交杂的田野如同被淘气的少男随意泼洒的画，又如趣稚的孩童，好奇地把黄色花瓣撒入深绿色的水中，欢快地观看花瓣漂浮轻舞。我任由思绪在黄色与绿色交杂中飞翔，随意联想，行于田野上空……那浮着点片不均匀黄色的油菜田，似画家手中的调色板……我的灵魂悄悄行走于调色板上，不惊动画家们的创作，耐心等待画家潇洒挥出弧形和结实的凝点。车在宽阔田野间穿插。变幻的云点缀天幕，时而厚重沉脸，如风霜老人，在观看世态变化；时而飘逸轻盈，如幼稚儿童，在天空中戏耍。我如静坐于游动电影院，任由变幻的景色迎面而来，任由北美西部乡村音乐在车厢内萦绕，任由思绪深陷于人景相融的美妙。

两个半小时的车程在美丽的风景映照下显得短暂，人在大自然下显得微不足道。我不知道时间是否可以与景色相比较，不知道爱因斯坦的相对论是否可以这样解说。

车驶离柏油路，减速进入泥石路。车颠簸着缓行，后面扬起一阵薄薄尘土。转了一个弯口，经过一片矮树林，再转一个路口，远远见到几栋分隔不远的房子。进入一条小道，来到一片空地，已有不少车停在那里，旁边不远处有几架旅游房车撑出遮阳布，有零星几个帐篷驻扎在树荫下。大人们在闲聊，孩子们在玩耍。热情的女主人已经在路口等候，招呼着远方客人和近邻朋友。主人是一个白人中年妇女，脸上挂着笑，非常和善。主人见我们到来，给我们热情拥抱，而后便带我们作简单参观。

　　入口不远处有一片菜园，约 30 平米。草莓已经结果，红红地挂在细细枝桠上，诱惑着一帮孩子欢呼；荷兰豆苗已爬杠，悄悄地结起花蕾，在架子上张望；卷心生菜已开始卷曲着叶子，像白绿色的球，滚到黑乎乎的泥里，整齐排列着；大葱与甜菜相隔几行，直立对望，不知道他们是否在用植物语言对话，在热烈讨论我们；马铃薯与荷兰豆相邻，羞涩地开着淡紫间白的花，隐藏于郁郁葱葱的叶子下，偷偷窥视着来宾。房子附近的草地已经被修剪，不少孩子在草地上奔跑玩耍。我被孩子们的笑声感染，想起童年时家门口的草地，想起自己也曾有过类似的疯玩。孩子们的叫嚷让我忍不住移动脚步，闲散地游走，欣赏纯真的笑脸。

　　主人的房子与我们客居的褐色木头老房子十米之隔。老房子是典型的农居，为两层，据说已经有 80 年楼龄，有的地方木头依旧很结实，有的地方木板已经开始疏松。庄园很大，约距主人房两百米处，有一栋崭新的原木建造的房子，是主人儿子为迎娶新娘而建。距主人房子约 300 米处，有一栋灰黑色很不起眼的长形体、弧形屋顶、约三层楼高的原木房子，在夏的舞阳下安静矗立，如寡言老人，默默看着来往寒暄的客人。离灰黑房子不远处，有栏杆划分的草地，几匹马和牛或零散或集中地悠闲吃草，全然不理会我们的到来，不理会此时的热闹。

　　下午五点半，太阳依旧耀眼地挂在天空。主人召集所有客人到灰黑长型木房子集中，于是，散落在庄园四周的人们陆续朝那栋房子走去。一时间，人流涌现，小路上满是行人，我方知道那栋灰黑的房子是马棚，是谷仓舞即将举行的场所。阿尔伯特省的郊外，常看到各色各样马棚孤零零地散落于田野。有的年久失修，将近坍塌；有的被油刷成红色，在绿色田野里鹤立鸡群；有的保持原木色彩，简朴实在；有的是用现代材料建造，轻盈张扬。面对着眼前的马棚，面对着络绎不绝的人流，我突然对这马棚产生了兴趣，于是，我加快脚步进去。

　　马棚为两层半结构，楼下是养马处，楼上是囤干草和存储麦子之处。也许马儿都在外吃草，也许这马棚已经不用于养马，一点儿"马味"没有。这貌不惊人的房子，全是木头制作，里面很宽敞，像个小礼堂，容纳 300 人绰绰有余。马棚虽有将近 90 年历史，但地板和墙壁维护得很好，支架以及地板的木头依旧结实。靠近楼梯这边，摆放着矮矮一堵干草垛作装饰，干草垛后面已经架设好音响，一位头带牛仔帽身着牛仔裤的中年汉子在播放着唱片。棚的另一尽头有一个大窗，阵阵草香从窗外飘来。两旁和半三楼里摆着长形木桌子，桌子均铺上红白格子桌布，桌面上都摆放两束插在罐头玻璃瓶的野花，这简朴布局与马棚的大环境相协调，富有乡村气息，宛如电影里 19 世纪欧洲农家餐厅摆设。

我们坐在二楼处，聊天，听音乐，等待人们到来。渐渐地，马棚里聚集了 200 多人。即便互相不认识，大家也友好地打招呼，非常热闹。或许这个村庄很少有亚洲血统的人居住，又或许这类活动很少有华裔参与，有不少来客把我当成日本人。面对友好询问，我微笑着给予同样解释："我来自中国，我曾在离这里不远的小镇居住过。"

人们在热烈交谈，孩子在尽情追逐打闹，年轻的姑娘们和小伙子都溜到马棚外的空旷草地，或闲聊，或私语。

一个约三岁左右、留着金色短发的小姑娘来到我们前面，睁着蓝色的大眼睛看着我们，微笑不语。我的同行朋友介绍说："这是我的宝贝孙女，也就是我常提起的小甜心。"我听过朋友不只一次提起这小姑娘，提起她的聪颖与趣稚，我一直想见她，没想到在郊外，在马棚，以这种方式相遇。看着她天真的笑，看着她甜美的面容，我的心在瞬间温柔起来，于是，我把闲散的心收回，以大朋友的姿态与她玩耍起来。

晚餐早已经准备好，飘着诱人的香味，摆在中间过道的公用桌子上，大家按着桌子顺序排队盛取食物。食物由当地的农妇烹制，是传统的西式晚餐。烤火鸡，汉堡肉片，西红柿，圆面包，牛油，沙拉,腌小黄瓜和蛋糕……每一样都富有食物特有的香气，诱惑着我们的胃。我们喝着自带的红酒，闻着餐桌上的野花香，吃着新鲜烹煮的乡村菜，谈论着天南地北的话题。

酒足饭饱后，我步出棚外。

晚霞低沉厚重，似乎伸手可及。混色的晚霞下面隐约藏着渐渐沉落的太阳。割草后特有的甜香，骑着夏风，在草原飘游。饱食了的孩子们在草地上追逐戏闹，玩着我叫不出名字的游戏，传来笑声阵阵。年轻的姑娘和小伙们在夕阳映照下热烈谈论，矫健与妩媚的身形在夕阳剪影下显得温馨浪漫，好一幅迷人的夕阳图！我想起年轻时弹奏的《红河谷》，想着当时歌词述说的加拿大村庄恋爱青年中的男女；想起小时候幻想的草原之夜；想起牛仔们骑马驰骋与草原的畅快；想起儿时在家门前玩捉迷藏的那片小草地……

晚上十点，太阳彻底沉落，月亮守夜。一阵欢快的西部民间音乐夹杂着欢欣笑语，从马棚内传出。我连忙割断远游的思绪，疾步回到棚内。棚内中间的餐桌已经被搬走，腾出一片空旷处，不少人在音乐的鼓动下，欢快起舞。

"谷仓舞会开始了！很久以前，人们是带着乐器，现场演奏，现在是播放音响。"同行友人怀旧，有点儿遗憾地说。友人出生于50年代初期的阿尔伯特省北部，朴实的生活传统依旧占据着她的生活模式。见我面对着棚内的舞者意兴盎然，便款款道来，解释舞姿舞曲，还有对年轻时期的回忆。

谷仓舞会起源于19世纪60年代的英格兰和苏格兰，是农民们以传统的民间音乐为舞曲，在马棚内欢庆起舞，是家庭和社区欢聚庆典形式之一。以前通常是有喜庆事件，诸如婚礼，新马棚落成，节日或生日，当地的富裕家庭便开放马棚，邀请好友和家庭成员，一起吃喝跳舞，狂欢庆祝。渐渐地，谷仓舞会成了小镇或农庄社交活动形式，在19世纪到20世纪初，很受欢迎。随着英国人移民到北美，谷仓的建造模式和谷仓舞庆典习俗，便漂洋过海来到加拿大。近30年来，由于人们的生活节奏加快，且现代舞会以及新生交际场所的冲击，这种传统的马棚舞会在年轻一代人中渐渐流失，不少年轻人只是从书上略知一二，已经没有机会亲自体会，令人遗憾。

谷仓舞曲通常为西部乡村音乐，由方阵舞（Square Dancing）、莫里斯舞（Morris Dancing）、反向舞（Contra Dancing）和英国乡村舞（English Country Dance）等组成。随着时间的推移，谷仓舞添加了不少新的元素，衍变成具有现代元素的摇摆舞（Swing）、的士高（Disco）、扭臀舞（Twist），波尔卡（Polka）等等。最引发我兴趣的是欢快的小鸡舞（Chicken Dance），那欢快的音乐，夸张的模仿小鸡振翅的动作，让我笑得前仰后合，失去了本性中的拘谨与矜持。

一位陌生的舞者随着舞曲挪步到我面前，邀请我入舞。于是，我起身，融入舞群。记不清有多少年没有跳舞了，我笨拙地舞动肢体，犹如在办公室电脑前做伸展运动。我被自己的滑稽舞姿逗得发笑，心情随着笑声舒展。于是，在舞伴的指导下，我随着节拍，模仿着别人，跳起了蝴蝶舞、小鸡舞和扭屁股舞……

棚内彩灯闪亮，音乐节奏变幻。跳舞行列在音乐的鼓动下壮大，从学步的小妞到80有余的老翁，舞者年龄跨度之大令我大开眼界。人们兴高采烈，欢快异常，每个人脸上都挂着喜庆的笑，气氛在不知不觉中进入高潮。舞中，我解除往日在办公室的拘谨，与音乐融于一体，任由音乐指挥我的灵魂，让舞动的肢体释放生活激情，体会"狂欢"的魅力与活力。

晚上11点，主人端出夜宵和甜点，摆在一旁的餐桌上，自由取食。我吃了些甜点，补充体力，缓了口气，又走进舞池，随歌起舞。舞会延续到凌晨两点，我的双脚如灌铅般沉重。体力在舞曲的诱惑中渐渐疲弱，而童心却在舞步中猛然苏醒。原本以为童心远去，欢欣不再，然而，马棚，舞者，还有年老宾客的笑容，唤起我潜伏的童心，在乡村音乐中尽情欢笑，起舞，体验生活的美妙。

带着疲惫的躯体愉悦的心，我躺在老楼地板上的新睡袋，脑袋来不及整理思绪，便在窗外投射而来的月光下昏然欲眠。

不知道我是否会在梦中窃笑，想必窗外的星星知道：疲惫舞者的梦境肯定美妙……那一刻，我明白了同事们的惊讶与羡慕，仿如回到百年前的欧洲某个乡村，在谷仓内欢快起舞。

（八）　哈特教徒的村庄

夏日出游总是如此暇逸与兴奋。从爱得蒙顿（Edmonton）出发，往南行，计划探访向往已久的野牛跳峡。

田野在飞速而行的车窗两边退却，风吹来，心旷神怡。沼泽地，小丘，丛林，在夏阳映照下显得清晰诱人。黄的油菜花，绿的牧草，宽阔的天空，是阿尔伯特省夏天"招牌"景色。

车南行至 240 公里处，一排白色的发电风车矗立于绿草如茵的田野里，在蓝天白云下，由夏风引领，缓慢转动，优雅地舞起芭蕾。这白色，这优雅，让我联想起年轻时第一次观赏芭蕾舞剧和四小天鹅的舞姿……风车在我的眼前转动，柴可夫斯基的《天鹅湖》主旋律在我心里回旋。

车渐渐驶入一条中型柏油路，有个小木牌子竖在路口旁，牌子上画了一个蜜蜂，写着 Honey（蜜糖）。几栋外貌简易的白色平房悄悄进入视线，替代了渐渐远去的风车，静处于绿色田野中。

同行友人说："这是一个哈特教徒（Hutterie）聚居地，名为 Purbeck 的小村庄。那里有新鲜蜜糖出售。"

友人的话让我想起曾读过关于哈特教徒的文章，并从文章中略知一二。哈特教徒（Hutterie）原发于奥地利，创建于十六世纪，创建者是 Jakob Hutter，其生活模式基于新约中某章节所描述的生活，崇尚和平主义，创建后散居于欧洲。为了逃避当地政府迫害，哈特教徒于一百年前开始迁移到不同国家，并在农庄设立居住点，在北美的历史为 125 年左右。他们有自己的禁忌条约和管理模式。男性领导，妇女辅助，为三级领导。为了保留自己的传统而又要符合现居地的教育基本要求，他们建立自己的教育体制，有自己的学校。随着人口发展，为了便于管理，他们不断建立新的子系聚集地，基本保持每个聚集地为 10 到 20 个家庭，人口在 60 到 250 之间。当人口增加时，他们便会分家，衍生出新的村庄。

我在加拿大北方小镇居住时，也曾见过从附近村庄出来购物的哈特教徒。他们衣着独特，举止纯朴，神态收敛，犹如时光倒流，让人觉得神秘。从那时起，我便对他们产生强烈的好奇，禁不住去猜测他们的内心世界，想象他们的生活模式。而今巧遇此类村庄，好奇心又复萌。于是，我建议以买蜜糖的名义进村，去悄悄探访，以慰藉被好奇"诱惑"的心。

我心怀"唐突"的愧疚，缓下车速进村，既担心冒犯了他们，又抑制不了狂喜。几个穿着欧洲 19 世纪末传统服装的男孩，在平房间的空地戏耍，见有不速之客来访，奔跑过来打招呼，非常热情，毫无陌生感。我想起儿时第一次从城里回到母亲的家乡，被从未离开村庄的小孩子们层层围观，而后被母亲的朋友邀请做客的情景。那种远去的温馨迎面而来，在异国陌生村庄，心有触动。我谨慎地询问买蜜糖的事，一个小男孩见我们想买蜜糖，便殷勤地引领我们到蜜蜂场参观。我们在蜜蜂飞绕中走进采蜜场，小男孩边热情解释边销售新鲜蜜糖。

刚走出采蜜场，一位身着黑底碎花裙袍、头裹围巾的中年妇女从远处轻快走来，朝我们打招呼。同行的加拿大裔朋友是社工，专职做妇女工作，因而很容易找到切入点与这位妇女开聊。在闲聊中我们知道她名叫苏姗，是村庄里的妇女。苏姗的爽快与热情让我意外，于是，我解除戒备的屏障，得寸进尺地询问一些迷惑我多时的问题。见我如此兴趣盎然，她主动邀请我们参观村庄和她的家，我的心止不住再次欣喜。

离采蜜房约两百米是住宅区，房子是平房结构，呈排型，约四五家为一排，每排房子间有草地或树间隔。离房子不远处，有晒衣场，铁架子间挂拉着绳子，挂晒在绳子上的被单和衣服，在微风中飘扬。我的思维无法控制地穿越时空，进入某一部电影，代入角色，回到百年前的欧洲小村庄，手提衣服篮子，穿过戏耍的孩子们，来到村妇们之间，边拉家常边晾晒衣服……

这个聚居地（colony）有 60 多人，共同财产除了拥有大片土地和牧场，几栋排屋，还有一个可容纳百人的饭堂，一个面包作坊，一个奶牛饲养工场和牛奶加工场。我原以为他们完全拒绝现代化和高科技，但村里的现代化生产设备让我感到意外。很难想象，在一个小村庄里，会有一次可熬煮几十个鸭子巨大不锈钢电汤锅，有墙式冷柜，有自动挤牛奶及收集系统，有自己的供水系统，有功能各异的农用车和运输车，还有半自动面包作坊设备等。据苏珊介绍，他们是有选择地拒绝现代科技"入侵"，如电视与电脑等。

参观完村子里的作坊，她邀请我们参观她的家。她热情地向我们介绍自己缝制的窗帘和衣服，还带我们走到地下储藏室，翻出妇女组新缝制的鸭绒被子和绣花被套。从家内摆设和用品质量看，村庄集体经济状况很好，教徒们的物质生活水准比较高。她的淳朴和对人的信任感动了我，摸着她家结实的木家具和制作精细的鸭绒被，心生久违的温暖，一种大家庭的温暖。

根据苏珊介绍：所产的牛奶和蜜糖多近销于城里；他们穿的衣服和家具都是自己制作；每栋平房住四户人家，房产是公有，不需要交房租；每天工作所得也是归公，一切都是公共财产。为了避免近亲结婚后遗症，同一个聚集地的年轻男女不允许联姻，至于具体如何结婚和组成家庭，因时间关系，我没有细问。

离开村子，我的思绪飞扬。好一种简单而又平静的生活！不知道陶渊明笔下的"世外桃源"是否如此，不知道我内心所向的理想生活是否也如此。

"这就是我小时候人们所说的共产主义生活！我终于在资本主义社会看到了'共产主义'！"我诡秘地说，同行的加拿大朋友投来迷惑不解的目光。

"减少接受外界教育是否烦恼也随之减少？"离开村庄时，我问同行的朋友们，没人能给我答案。

"心灵的污染少了，烦恼也少！"我肯定地给自己答案。

（九）　爱口红的老妇人

电影和文学作品中的胭脂、口红和高跟鞋似乎都和妙龄女郎联姻，塑造着不变的经典，可生活中的景象却不尽如此，常是让我惊诧，惊诧于生命的能量和梦想的动力。

周五下班时刻，天空挂着疲倦的夕阳，路上车流繁忙，行人匆匆。我依在巴士的窗口，想着永远想不完的问题，编辑着永远变幻的故事，看着永远都有新意的街景。一阵北风，刮起地上来不及清扫的秋叶。一个缓慢行走的老妇人停下脚步，拉紧绑在下巴的头巾节，头巾的图案是典型的乌克兰式鲜花。老太太八十有余，挂着拐杖，虽步履缓慢，但在拐杖的协助下，依旧可以控制方向，优雅行走。巴士停靠在小站，老妇人缓缓穿过，并不打算上车。我看着迎面方向走来的她，顿时收回无边遐想，精神起来。老妇人脸颊樱花般的粉红，在秋阳映照下显得俏丽；嘴唇涂上以前流行过的亮丽口红，衬托着粉色的脸颊，如婴儿般，虽是满脸皱纹，却也显得可爱。看着她那质地不错的西装短裙，在大衣包裹下俏皮探出，心生敬仰。

想起前些年陪朋友到养老院看望老人，送圣诞礼物的情景。那是一个圣诞时节下午，阳光暖暖地照进牛仔城东部老人院。老人院是中上级别，干净，安宁。内设小型图书馆、小厨房、活动室、就餐厅和社交室。我们一路分派手工制作的小礼物，传送祝福。老人院分成两大部分：安置行动尚可自理的老人和安置行动不能自理的老人。沿着走廊两边，设置着木扶手，偶尔会在某间房门前的扶手上放置着几个毛娃娃，给人感觉像是走到了小女孩子的闺房门前。朝西的走廊尽头摆置着几盆植物和几张椅子，椅子上坐着两个瘦弱的老太太，穿着连衣长裙，外罩一件小开胸褂，在阳光下温馨聊天。我的朋友常来，已经熟悉她们："她们俩是朋友，都九十四岁了，是虔诚的基督徒。"她俩化着了妆，淡淡的粉在脸上沟沟坎坎中驻留，口红很明亮，与年龄相比似乎夸张了些，但与她们的笑容和心态相比，却是恰如其分。她们见了我朋友，都欢欣喜悦地打招呼："感谢上帝！多美丽的天气！一会儿我的孙子来接我们到外面吃晚餐。"其中一个老人说。朋友与她们套近乎，我在一旁微笑着，仔细观察。

我的一个好友的妈妈年已八十四岁，依然健朗。老太太退休前是小学老师，也是业余画家，更是养植物好手，每次见面，都会东南西北不着边际地聊。老太太一生游历不少国家，每次出游都收获不少照片和纪念品，集成旅游集，按年月和地点分册列档。我从相片中欣赏到异国风光，跟随老照片游走于世界：从南非到欧洲，从香港到日本，从北美到夏威夷……最新的一张照片很惹眼：几个老太太老头儿一列排开，老太太们脚穿高跟鞋，气质非常优雅，脸上的笑容很灿烂。老太太见我感兴趣，便告诉我："这是我们教堂年龄八十岁以上的跳舞成员，在跳舞庆祝后的合照。"看罢，听罢，我终于明白了她女儿曾说："我妈妈还要再谈恋爱、找男朋友。她活得很健康、积极。"老太太兴致勃勃地介绍着不同时期的照片，头脑清醒，如数家珍。

那风中飘逸的头巾，鲜艳的口红，总在脑里回旋，混杂着以前读过的一个故事：一个贫穷的老妇总希望能在桌子上铺一块洁白的蕾丝桌布，手捧着书，优雅地喝着下午茶，直到临终，也不放弃这个梦。

我是否也应怀揣如此美丽的梦想，给生活一个永远的微笑和优雅的等待。

（十）　与猴子谈判

每年，加拿大联邦政府都会出资让我们学院代办一个难民语言培训班，学生是来自战争国家的难民。在一次辅导他们阅读中，我被一位苏丹妇女的故事吸引。当她用生涩英文读出老师为她记录的两个真实故事时，我忍不住给她一个热情的拥抱，以表示对这位坚强美丽的苏丹女子的敬重。

苏丹第二次内战前，她舅舅家的新生婴儿被猴子偷抱到树上，然后发生了一个人与猴子的"谈判与抗衡"的故事。猴子以婴儿作人质，在树顶凝视树下的人们和水果篮子。婴儿的哭声让人们向猴子妥协、让步，以满篮香蕉作谈判筹码，换回婴儿。故事虽然简单，但却幽默惊险，让善于联想的我忍俊不禁，惹得周围的学生投来善意的微笑。第二个故事是关于她大儿子。她的儿子小时候被误砍一截小手指，后儿子在战乱中走失。几年后，儿子在流浪中长大，样貌全变，那少了一截的小拇指让她认回儿子，在进入难民营前重逢。她们家在难民营生活了八年，她生了两个孩子，直到加拿大政府让他们全家以难民身份移居加国。

虽然她以一种很平静的口气读她的故事，时而微笑着给我解释，像是在讲遥远的故事，但还是让在和平时代成长的我感慨万分。

即便她在原国家没有任何上学机会，即便她连自己国家的字典都读不懂，可她却很珍惜加拿大政府给予的机会，从零开始，心怀梦想，脚踏实地学英文，朝着做护士之路前行。几次辅导课后，我们成了朋友，每次见面都免不了一阵姐妹般的拥抱和问候。

去年有一段时间没见她出现在校园，担心她放弃学习。没想到暑假后，她又精神抖擞，动作利落地出现在我面前，给我一个阳光的笑容和热情的拥抱，并欢快告诉我：她又生了一个孩子。这是她第五个孩子！我惊诧于她的能力，惊诧于她的聪慧与勤奋。虽家务繁重，孩子众多，可她的英语水平却神速进步。再见时，已经是中级语言学习班学生，缩短了入读护理专业的距离，让我不得不另眼相看。

　　想起她说的婴儿与猴子的故事，想起她们在难民营的生活，我很想给在加拿大出生的小家伙一个欢迎的拥抱。在我请求下，她抱着九个月的小宝贝来见我。小家伙黑黝黝的圆脸，睁着大大的眼睛，目不转睛地盯着我，满脸的严肃，可爱极了，我忍不住放下手里的工作，抱着小家伙。同事见我与她相熟，也好奇。于是，我说了她的故事，一个来自苏丹难民营女士的故事。

　　我想，也许是她对孩子们的爱，才如此激发了她的潜能，让她在陌生的国度里，取得如此神速的进步。

（十一）加拿大 打的自备儿童座椅

　　居住于加拿大时间越久，越能体会"加拿大是儿童天堂"和"保护孩子，人人有责"这两句话的含义。

　　为保护儿童健康与安全，加拿大联 邦政府和各省政府制定出完整而详细的《未成年人保护法》，其中包括儿童教育、福利和安全保护等。家长要履行保护 19 岁（有的省为 18 岁）以下孩子安全的责 任：保护孩子安全，关心孩子身心健康，维护孩子医疗权利和保护孩子远离虐待等。同时，法律规定家长不能忽略孩子，如果家长不遵循法律，邻居或老师等可以举 报，儿童保护工作者为了孩子的利益，有权按程序把孩子带离家长，让孩子在安全环境下生活，并继续跟进。

　　《未成年保护法》之《儿童安全法》对食品安全、玩具安全、家居安全、游乐设施安全、独处和汽车座椅安全等都有规定。在此，我只简略谈谈孩子独处年龄和安全座椅要求。

　　以安大略省为例，0-9 岁孩子不能独自留在家；10-12 岁孩子要看具体情况和孩子成熟程度，并在做好一切安全准备前提下，可以独处 1-2 个小时；13-14 岁孩子，在其具备安全意识并做好安全准备前提下，可以独处于家 2-5 小时；15-16 岁孩子，可以独自留在家整天，但家长必须随时准备好电话联络，以防紧急事件发生。

　　除了国家立法规定保护孩子，每个学校和公共场所也有具体规章制度来保护孩子。曾遇一个刚移民加拿大的 7 岁男孩，在我们学院图书馆安静看书，我原以为他母亲也在图书馆内阅览，没有在意。后来，一个同事发现小孩像是独处，便询问，得知他妈妈在学院另外一栋楼上英文 课。图书馆主任马上电话联络他母亲来接孩子。我做口译，并用中文向她简单解释，让她明白学院的规定：18 岁以下的孩子（非学院学生），在没有监护人陪伴下，不准留滞于学院图书馆。因她是初次犯规，且是新移民，所以图书馆人员没有举报她"家长失职"。

这事件于我是宝贵经历，给我补了一堂 法律课。在中国成长的我，很理解这位中国移民母亲的想法：图书馆是个安全的地方，可以放心把孩子放在这里。然而，作为职员，我很理解学院规章制度的严谨：以防紧急情况发生联络不了监护人，且学院图书馆责任范围不包括看护未成年孩子，馆员不具备儿童应急救助特别训练。这一切校规都是基于未成年人保护法，很合理。

至于儿童行车安全与座椅安全，加拿大政府有非常严格规定，有的省规定更详细，并要求民众严格遵守，如有违规，目击者可以举报。法规指出：不准把婴幼儿独自放在车内（年龄与时间有相应规定和标准），以防发生意外；规定体重 40-50 磅或年龄 9 岁（每个省有差异）以下的孩子，必须脸朝前坐在后座，并使用符合国家安全标准要求的儿童座椅。

定居加拿大时，我孩子已超过儿童安全座椅要求年龄，所以，我从没注意儿童安全座椅问 题，直到发生一件有趣的事，我才开始关注。一位邻居家里没车，夫妻也不开车。一天，我见她先生满脸春风买了个婴儿安全座椅回家，以为他们要买车，便好奇起 来。原来是她生了孩子，第二天要打的士出院。护士给他们讲解儿童安全保护知识与条例，并严格要求他们带儿童安全座椅来医院，放在的士后座，带孩子回家。于 是，没车的他们，只要坐别人的车或打的士，都得带上儿童座椅，并随着孩子的长大而按规定换座椅。

学校安排学生外出活动，安全问题也被放 在首位。以哥伦比亚省为例，儿童安全座椅规定年龄为 9 岁以下，如果由家长义务作司机，孩子必须带着他们的座椅来学校，并由老师和家长安放。每当我看到孩子们抱着五颜六色的座椅，在校门口兴奋蹦跳、欢快交谈，我都心生感慨，为他们的幸福而欣慰。

加拿大儿童保护法是家长和监护人的指导，是孩子健康安全的守护神。家长不只是生物意义上父母，同时也是责任上的承担者。当孩子出生以后，我们就得承担起保护他们的责任。作为家长，爱孩子的心是柔软而相通的，谨以此文互助，共勉。

（十二）　保险到牙齿

加拿大的生活质素较高，民众对自身的医疗保健也比较重视。由于口腔健康知识得到成功地宣传，多数人都知道口腔健康的重要性，对牙齿的保健意识也逐步 增强，口腔健康自然被放在健康生活的重要位置。因此，他们即便没有牙病，每年也会到牙医诊所去作常规检查或洗牙。牙医诊所是常人每年必到之处。

加拿大的大部分牙医由私家诊所执业，有的牙医也可以在医院服务，有的牙医还会在几个诊所服务。在大学的牙医还可进行半职从医，半职做研究。每个诊所多是由几个或单独一个具有专业执照和学位的牙医与受过专门学习训练的牙医助理、接待员组成。牙医诊所多是独立设在各商业区或生活区，与家庭医生诊所没有太直接的关系。

即使是在加拿大的小镇，牙医诊所也是设备先进和环境优雅，布置极为合理，既让病人感觉舒适，也没有给人一种浪费空间的感觉。在大城市，牙医诊所更是条件优越。为了保证服务质量，看牙前，一般需要预约。预约时间因每个诊所的情况不同而定，幸运时则一周左右，预约者太多时，则需等一 至两个月不等。

走进牙医诊所，不会给人产生拘谨、恐怖的感觉，反而给人一种轻松、安宁的印象。诊所的候诊室一角，一般都会用五彩的塑料围起一小片空间，里面放置着小孩的玩具，登记处人员也会随时充当临时看护员。另一角往往是摆上几张干净、舒适的椅子，还有各类杂志摆在架上，供人阅读。喜欢看电视的候诊者也不愁时间难熬，电视都被嵌置在墙上、横梁上，他们可以集中坐在一处，安静地欣赏电视。即使是一个小小的候诊室，热爱大自然的加拿大人也不 会忘记摆上一两盆绿色室内植物和挂上一些淡雅的画。有些更是有趣，一些年幼的孩子在等候妈妈时创作的涂鸦作品也会被贴在显眼的墙上。如果不是看到有病人在等候，如果不是看到有医生、助理在忙乎，如果不是看到墙上挂有医生和助理的毕业文凭，或许你会认为自己走错了地方。

说到设备，不得不让人惊叹。做一个全牙 X 光检查，你只需坐在一架特殊的机器前，由牙医助理摆好头部位置并固定，不用几分钟，一切完毕。待医生要看片时，X 光片已准时摆在观片 屏上了。有时，患者只需做局部 X 光检查。此时，患者更是不用离开座位，只需按要求轻轻咬住一个辅助器，助理员会把活动的 X 光机摄影头对准需要拍照的部位，只需一分钟便大功告捷，可谓方便之极。

当病人躺在干净舒适的牙科专用椅子上，助理会给你送来一副耳机和遥控器，患者可随时调控那嵌在天花板上的电视，心平气静地等待医生的到来。在医生给患者治疗牙齿的同时，助理总会在一旁，或是用吸管伸进患者的口腔吸液（连吐口水的动作都不用），或是轻柔地安慰患者，或是专业地传递器械给医生。患者无须做什么，只需摇头或点头。牙医和其助理会以专业的和蔼态度对待每一位患者。他们会在必要和适当的时候给患者以拔智齿、牙齿美容、牙齿治疗以及给予牙齿保健的忠告，同时不忘给患者讲述口腔健康基本知识，以防牙病的真正发生或加重。每次处理完牙齿后，医生或助 理都会耐心地回答患者的疑问和叮嘱一些注意事项，同时还会送一支印有该诊所信息的牙刷和牙线。有的诊所还会定期联络、提醒他们的病人回诊所作例行检查或洗牙。

在加拿大，各省份的医疗保险制度都不尽一样，然而，由于牙医费用比较高，且多数省份的基本医疗保险不包括牙齿保健，大部分人得自行担负牙医费用，或买保险公司的牙医保险。在众多的不同医疗保险组合中，选择包括牙医基本保险的一组是明智的，以免日后治理牙齿时，耗去昂贵的费用。每当人们提到加拿大牙医和牙医诊所，都会与高服务质量、先进的设备、高费用、高收入联系起来，同时也会与一个悦人的词联系起来——舒适！

（十三）　追悼会上的笑声

在华人传统思维里，死亡意味着生命的毁灭与终结，随之而来的是对死亡的恐惧和追悼会上的哀伤。我在国内医院工作十几年间，看到病人病愈出院，便会发自内心的喜悦；看到病亡者家属痛哭，也忍不住伤感和哀叹。年复一年，我那颗鲜活敏感的心渐渐被轮替的喜乐和悲伤折磨得疲惫，黯淡起来，蒙上了混沌不清的膜，让我常陷于思考"生与死"的怪圈。

移居加拿大后，不管住在哪个城市，每走几个街区，都可见到标有"新生命"或"活水"的教堂。我那对"生命与死亡"的好奇心又复萌，忍不住到不同教派的教堂聆听与探讨。断断续续游走于教堂间，半信半疑地听耶稣死里复活的说法，听基督教对生与死的解释，然而，多年过去了，我还是不得其解。

2002 年 8 月，我们收到居住于卡尔加里市干妈的电邮，得知她的丈夫去世了。尽管他已经 89 岁，并患骨癌一年，可是，他多年来如同父亲般对我的关怀，让我不愿意接受他去世的现实。我们一家穿着素装，驱车 300 多公里，赶去参加老人的追悼会。车窗外夏景如画，收音机播放出美妙的古典音乐，可我们的心却是沉重的，充满悲伤。一路上谁也不想多讲话，只是默默地在心里哀悼善良的死者。

进入开追悼会的教堂，我很惊讶：讲台上摆满了他们后院摘采的鲜花，一张精致的桌子上摆着跟随逝者 80 年的小提琴，还有以前干妈与我们旅游时买来送给他的小提琴图案毯子。来参会的亲戚和朋友们穿正装，女士们的衣服整洁鲜艳，男士们也如同往日参加礼拜般，穿着西装或衬衣。大家有说有笑，仿佛不是来参加追悼会，而是来参加一个欢乐聚会。牧师以喜悦的语调赞扬死者生前的优点，为他庆生；逝者的家属为大家表演了家庭歌曲，以歌声缅怀逝去的亲人；朋友们则以轻松诙谐的语调讲述死者生前的小故事。那歌声，那幽默和轻松，让整个教堂不时发出善意的笑声，这笑声打破了我对死亡特有的"怨恨城堡"，产生了新的迷惑。追悼会完后，在教堂的餐厅有个小型茶会。会上，大家边欣赏逝者生前照片，阅读他的手稿，边微笑着向死者的妻子问候。只有我们唯一的华人家庭，是带着沉重的心情和泪光，向她问候。没想到，干妈对我们说："不要伤心，那是喜悦的事。他是去了天国。"

追悼会后，她带我们到他的墓地，疲惫而又平静地说："他的肉身埋在地下，真正的人已到了天堂，所以不必去拜那会腐烂的躯体。我们种下了一棵松树，树旁立了个刻着他名字的小碑牌，以作纪念。"

追悼会上的笑声，教堂里的情景，墓地前的话语，震撼了我把"死亡"与"悲哀"紧密联系的惯常思维。那一刻，我似乎对基督教的活水、生死观有了模糊的概念。我不是哲学家，也不是宗教家，更不是医学家，无法解释"生命和死亡"之间的必然和非必然联系，然而，我坚信：如果人们能笑迎新生命，笑对死亡，感恩生活，这未尝不是件好事。追悼会上的温馨笑语，饱含了超然与神圣，是对生命与死亡的尊重。生，固然可喜；死，也应可敬。

（十四）　给光顾的浣熊腾地儿

搬到加拿大北部小镇前，友人打趣说：小心棕熊来敲门，小心麋鹿拜访！我半信半疑，没当一回事。

一天清晨，我拉开后院门帘，见有两列脚印显现于薄薄的初雪上，伸延至后院的山杨树林。从脚印的距离和深度看，像是小时候到乡下见过的水牛脚印。好奇心促使我连续几个夜晚等候，悄悄掀起门帘，往后院观察，然而总是一无所获。一天，我们驱车从省城回来，行驶在夜空下的乡间小道。远远地，我们隐约看见有庞大的动物身影正缓慢朝车道移动。由于乡路没有路灯，且车灯照射力有限，看不清那是什么动物，我们只好缓下车速。当车靠近那段路时，动物轮廓清晰起来：那是两匹成年的加拿大驼鹿，正优哉游哉地过马路。曾听说不少镇民在黑漆漆的夜里驱车时与动物相撞，造成车祸。我很庆幸看得清它们，及时缓下车速，没造成伤害。我们在不远处停下车，耐心等它们过了公路，才又继续驱车前行。经过驼鹿跨行处，我留意路边湿地上留下的脚印，终于知道了后院脚印的主人。

明媚的夏天总是让人迷恋室外风景。一天，夕阳西沉，挂在远处的树梢上，霞光照在民居的墙上，洒落于人行道。我与女儿携手散步于居住街区，聊着漫无边际的话题。两头鹿从屋后的树丛走出来，缓缓行至街区的人行道，走在距离我们十几米远处。从体形看，像是一对年轻的白尾鹿。我们与鹿保持距离，跟在后面继续散步；它们也保持速度，不慌不忙，继续行走。它们朝着人行道尽头的树林走，消失于林间。那一刻，我体会到了北部小镇生活的珍贵独特之处，也理解了友人的打趣。

然而，小镇生活也不尽是与野生动物一起散步的美妙，也有危险时刻。曾有一镇民见一个黑熊出没于镇上，于是，镇政府便兴师动众起来，除了在当地报纸登出告示，通知镇民注意黑熊袭击，还专门组织猎捕队，准备捕熊笼子，随时待命。直到捕捉到黑熊，认定镇民安全，才撤离猎捕队。

时隔 10 年，我搬到加拿大西部小镇，温和的气候适合植物生长。我原以为将会与植物为伍，没想到野生动物出没更为频繁，有时甚至与我们进行领地争斗。家的后院与树林只一篱笆之隔，抬头可见啄木鸟工作，低头可见松鼠在丛林间嬉闹。开春时节，知更鸟在后门屋檐下做窝孵蛋，觅食护窝的成鸟在鸟巢周围转悠，见我出来，便放高声鸣叫，俨然一副不可侵犯领地的姿态。为了避免它们视我为敌的误会，我只好做出让步，转道而走，不到后门打扰它们。

夏天，是浣熊出没季节。曾有一个胖墩墩的老浣熊悠然爬过我们的后院篱笆，来到屋子后门的阳台下。我原本计划从后门出去，到院子劳作。透过玻璃门，见这个大家伙躺在水泥地上，半闭着眼，四脚朝天仰着，正美滋滋地享受阳光，或许在想着心事，又或许在做白日梦。我崇尚"和平共处"的同时，又具有对动物恐惧的天性，再加上加拿大"动物保护法"规定不允许伤害和接触可能带有病菌的野生动物，我只好又做出让步，取消到后院劳作的计划，把那片阳光映照下的水泥地暂时让出，为的是不与它发生"正面冲突"，引起不必要的互相伤害。

一天，我正站在一片柏树前等公车，一个年轻调皮的浣熊缓缓从树下走出，离我约两米。我被突然冒出来的浣熊吓得惊叫，它也被我的叫声吓得退回树林。过一会儿，它认为安全了，便又走出来，准备过马路。一部车开了过来，它赶紧退回树丛。看它被车惊吓的样子，我不禁好奇起来，站在那里观察。终于，它在退缩了五次以后，好像有了经验，站在路边观察，不再退回树丛。过了一会儿，它小心翼翼走下公路，往对面方向横行，那姿态有点傲然又有点得意。路过的司机见它下了路坎，也都停车，耐心等它过路。当它走到路对面，上了路坎，还不忘回头看一眼行走的车，像是想证明什么。如果不是亲自数它退缩和看到它决然冒险横跨公路，我是不敢相信浣熊是聪明动物之说。在网上看过浣熊集体卖萌"求搭公车"的照片和浣熊直立走电线的视屏，我相信不是电脑合成的结果。浣熊是个智商比较高的动物，它也有学习和判断能力，所以，我们只能与它们斗智斗勇，与它们共享自然。

有时我想，当野生动物可以在街上散步，当人不再惧怕或滥杀无辜动物时，人类与动物的关系是否会变得和睦?我希望人与野生动物能和平共处，因此，当我种的草莓和菜被松鼠与浣熊等摘走一些时，我不能有怨言，因为女儿说："它们的妈妈也要养孩子，孩子们在等妈妈带回食物。"

（十五）"性侵"教育从儿童开始

为保护儿童安全，让孩子们在安全环境下成长，加拿大联邦政府和各级政府除了制定详细的儿童保护法，各省市也建立了以少年儿童安全为宗旨的非牟利机构，并设立儿童求助热线电话。服务机构除了配备专业人员以外，还以宣传小册和广告等指导孩子们求助和自我保护。基于儿童安全法，性教育被列入公立学校教学范畴，成为孩子学习性知识的途径和自我保护的武器。

为了更好地了解加拿大公立学校的性教育以及孩子们自我保护

意识，我特地采访几位学生，包括小学生、中学生和大学毕业生。

附属于公立小学的学前班，由学校管辖，因而，幼儿性教育也被列入教学范畴。学前班老师根据孩子的接受能力，用适龄孩子能理解的语言、图片或动作进行教育，告诉孩子们有关男孩和女孩身体上的"隐私"部位。老师教孩子们学会保护自己，要对触碰他们"私处"的人说"不"，鼓励孩子及时向家长或学校等反映被触摸或被侵犯的情况。因为幼儿期开始性教育，不少 5-6 岁的孩子对"性"和自我保护有了初始的概念。去年，我辅导一个一年级小朋友作业时，出于对我的信任，小朋友悄悄告诉我：在学校玩游戏时，有个男孩碰了她的胸脯和屁股。面对似懂非懂的她，我询问具体情况以后，用简单的语言给她解释，让她明白故意和无意触碰的区别。今年，这个小朋友上二年级，老师进一步教育孩子们有关"性"知识和自我保护，内容多了一些，这让孩子上厕所知道关好门，知道保护自己的身体隐私部位。　　加拿大每个省的教学方案会有所不同，性教育的程度和深度随着孩子年龄增长有所调整。任教老师教导孩子不要裸体与人独处，如果被别人要求做与性有关的事，一定要说"不"，并要报警或告诉家长、老师等可以信任的人。

在 7-12 年级（初中和高中）阶段，性教育进入知识化和科学化，被列入正式教程的一部分。学生们除了学习到具体自我保护方法，降低被性侵的机会，还学习了性行为安全和避孕，学习简要的性病防治知识。学校图书馆也有相关书籍，让学生借阅，以获得更多知识。

保护孩子不仅是家长的责任，也是社会的责任。加拿大不少社团和机构，只要涉及与未成年人接触机会（例如学校、幼儿园、少年活动中心等），不管是正式职务，还是做义工，在就职前，通常要到警局完成个人"犯罪记录"调查报告程序，同时，单位出具的申请表会注明工作职责是否会接触未成年孩子等。单位接收到调查结果证明后，才可以正式受聘或做义工。

我曾在几个机构做义工，其中一个是政府资助的移民安顿服务机构。这个机构给我的"犯罪记录"调查申请表上就有"是否接触未成年孩子一栏"，当时我有些纳闷：我做的是口译，面对的是成人，为什么这机构申请表上有"接触未成年孩子"一项？义工负责人解释说："在你做口译时，有的家长会带未成年孩子来，你的职位便有接触未成年孩子的可能性，又或临时被指派看管一会儿孩子，因此，我们得按程序和条例办理。"

如果某人曾经有过侵犯、虐待或伤害孩子的"犯罪背景"，此人几乎是难有机会工作于有孩子的环境。可想而知，"犯罪记录"
也是学校择选教职员工的标尺之一，是学校保护青少年的重要措施。

（十六）　缤纷暑假

　　初到加拿大时，正值暑假期间，市中心歌舞升平，住宅区宁静
平和，校园清寂冷落，让人费解。十几年间，我移居了好几个大小
不同城市，从西到东，从东到北，从北到南，经历春夏秋冬，领略
季节变更的魅力，渐渐找到"加拿大暑假现象"的答案，理解加拿
大人的生活态度和教育观。

　　加拿大各级政府对教育的投资，居于发达国家前沿，其受教育
者覆盖面和教育程度有目共睹。尽管各省市的教学法不尽相同，但
都是基于素质教育、启发式教育和引导式教育，避免生硬灌输的
"填鸭式"教育。在玩乐中学习，在玩乐中领悟，成了课内外教育
和学生生活的一部分，因而学生的独立思考、独立学习和解决问题
的能力比较强，也是老师们培养学生的方向和目的。中小学生在校
时不用买课本（课本由学校提供、借用），如果没有很大必要，也
不必借学校的课本回家。放假期间 更是无压力时刻，除了带着老师
和学校的祝愿"过一个愉快的暑假"离校，没有假期作业，没有特
别学习要求。

　　加拿大中小学暑假多于 6 月下旬到 9 月劳动节之前（注：9 月
第一个星期一为劳动节）。长达两个多月的暑假，是学生们走出课
堂接触社会的好时机。在这段时间里，从地方政府到个人，从社区
到教堂，从城市到乡村，无不使出浑身解数，举办各类娱乐节目，
让大人与孩子同乐，造就缤纷暑假。孩子们按自己的兴趣、需要和
条件，随家人或朋友旅游，又或留在家；有的中学生去做暑期工，
赚些零用钱，增加工作经历；有的则去做义工，增长见识，回馈社
会，拓展社交圈子，同时积累义工经验，为将来申请大学做准备；
有的则参加社区或教堂举办的一日夏令营或多日夏令营，也是以玩
乐和交朋友为主、学习科学知识或宗教知识为辅，气氛轻松，对孩
子们的吸引力很大。至于海边、湖边和山野，度假人络绎不绝，成
了孩子们的乐园。

　　以市级政府部门组织的活动为例，音乐庆典，民族节，美食节，
街边艺术节等等，此起彼伏，欢庆连连。既为吸引外地游客增加了
观光的筹码，也丰富了当地人的精神生活。庆典工作人员绝大部分

是义工，因而为中学生们提供了大量做义工的机会。社区也会举行各类小型球赛，又或者举行筹款活动，小型宣传游行。有些非牟利机构如童子军、男孩女孩俱乐部等，则会组织适合孩子们的活动项目：露营组，野外求生短训班，求职讲习班和上门募捐活动等。各类教堂也办有丰富多彩的暑期活动，有的按年龄分组，有的按主题分组，而小组带领者都是义工，是喜欢与孩子在一起的"孩子王"。

以我参与的教堂暑期活动为例，今年设有后院俱乐部，日间夏令营，科学夏令营，落矶山营救俱乐部等。孩子们可以按自己兴趣和时间选择活动，在玩乐和享受生活的过程中，学习课本没有的实用知识，增长见识。有的中学在暑假期间开设一些高中学分课程，有网络学习和短期到校学习模式，由学生按自己所需决定，不设硬性要求和收费；有的学校开设针对新移民小孩的暑期英文补习班等，以帮助孩子提高学习兴趣和自信。

近年来，随着中国暑假游学生猛增，有的学校开办收费补习班，生源几乎都是来自中国大陆。绝大多数当地学生选择不修课，过一个完整美妙的暑假。

今年暑假，邻居的孩子们随父母外出旅游，于是，大院内少了孩子们的欢笑声。大部分中小学校很安静，告示牌孤独地立在校园门口不远处，牌子写着"Have a great summer!"而市中心与"安静"社区和学校截然相反，周五到周日，歌舞升平，欢声雀跃，街边艺术节刚罢，国际爵士乐节号角响起，此起彼伏，似有玩翻天的气势。上周我去欣赏市政府举办的大型室外古典交响乐公演，由于演奏者为加拿大著名交响乐团，有 1 万多人慕名而来，观众中不少是放了假的中小学生。著名交响乐团在剧院演出时，门票非常贵，而免费公演则给每个孩子有公平的机会去初步了解古典乐和高尚的音乐艺术，同时也丰富了孩子们的暑假生活。

由于加拿大大多数地区冬天寒冷，有的区域夏季短暂，因此，夏季显得特别珍贵。热爱生活的加拿大人会把暑假当成真正意义上的假期，是孩子们调节身心的时刻，也是家人培养感情的休闲时刻。

夏日让人既闲暇又忙碌，让人既兴奋又舒愉，美誉夏天是"黄金时段"并不为过。生命短暂，时光如梭，"暂停匆匆脚步，亲闻玫瑰花香"，是加拿大人的生活态度，也是对生命的敬重。

（十七）　乡村音乐演奏　大家齐上阵

　　久居于爱城，闻其获西部乡村音乐之城的美誉，却未探其声，仅知道每年一度的民间音乐露天盛会中，云集北美各路歌手，影响几代人。直到深入街坊，了解当地人生活，才真正体会到爱城"民间音乐"的实在。

　　朋友邀我到本城小有名气的民间音乐演奏"根据地"：聚集许多民间小型乐队和艺术家的百年历史老街。残雪堆积的冬日，我们来到老街一栋不起眼的老楼入口处，推开玻璃裂了一条细缝的门，进入地下室。这是一个西部乡村风格的中型餐厅，灯光昏暗，餐厅前有个简陋的舞台，上面摆放着低音大提琴，西洋敲击乐器和几个麦克风，舞台右侧摆放着一架钢琴，表面油漆斑驳，失去了光泽，似乎有些年份了。

　　这是一个有 11 年历史的小舞台，每周都开放三晚给西部乡村音乐爱好者，观众和表演者，一律两元门票。到会的都是音乐发烧友，不管是街边卖唱的，又或是下班回家吃罢晚餐后找乐的；不管是初学几天音乐，又或是一辈子弹唱……在这里，没有阶层、身份之别，只剩下音乐，剩下精神世界中最干净的音符。

　　除了舞台上备有的公用乐器，每个表演者都自带各式宝贝。演奏口琴的，则带着一个像医生出诊用的箱子，里面分层摆着各式各样的口琴；演奏低音大提琴的，则不辞劳苦，带着笨拙的大提琴赶过来；一个留着灰白长发的演奏者的箱子引发了我的兴趣，里面装着古灵精怪叫不出名字的乐器，犹如孩子的玩具箱。据主人介绍，有的来自非洲，有的来自南美，有的像是手工制作的打击乐器……最令我惊讶的是那嵌着波纹金属板的搓衣板，居然也在箱子里！我原以为是专门设计成搓衣板形的乐器，但朋友说："这是地地道道用于搓洗衣服的家用搓洗板。"演奏者戴上金属指套，随着音乐节奏拨刮搓洗板面上的波纹金属板，便产生了特殊音响效果，上世纪 60 年代偶见于伴奏蓝调歌曲。估计是上世纪 60 年代的男士们趁老婆没在意，"偷"着拿来伴奏，渐成独特风格。

　　遇到新老朋友，大家自然寒暄一番。我坐在安静的角落，耐心等待音乐会的开始。连续几周，每当我悄悄坐下，一位友善的老人便会来到我身旁的卡座，友好地问候，随后重重地坐下。老人名字叫 John，别人都叫他 Dr.John，据说是省公立大学的退休教授。他总戴着一顶残旧的牛仔帽，胖圆的身材，慈善的笑容，初看像个西部乡村走出来的农民。初始，我对标准西部牛仔打扮的他并没有在意，听罢他演唱，被他浑厚富有磁性的歌声迷住，对他刮目相看。那洪亮的嗓音，娴熟的吉他弹唱，加上乐队出色的伴奏，绝对不亚于专业水平。

主持人布莱恩（Brian）穿着一条贴着银色散光片的长袖开胸演出服，衣服内里已外翻，闪光片也脱落得残存无几，露出黯旧柔软的布面，像是从垃圾桶找到的猫王时代衣服。从神态和气质看，觉得他又像小时候听说的嬉皮士，只有当他在台上又弹又唱，才发觉他不但嗓子很好，还可以"折腾"不少乐器，为别人伴奏，难怪到场的人都服从他指导。

三五成组的小乐队或单人轮番上台演奏，多是西部乡村歌曲。一位拄着拐杖上台的老者，满头白发，蓬松地披在肩膀，那泰戈尔式的腮络胡子，很有特色地挂在胸前。他弹着吉他，用男性特有的低沉嗓音，沉醉于老去的歌。一曲忧伤的调子从这位大胡子的嘴里流出，我不知道歌名，但他那低沉而充满磁性的嗓音和委婉含蓄的旋律，听得我泪眼婆娑，心泛酸雨，犹如在听一个落魄的丐帮帮主细述过去的风流爱情故事。依稀中，记得在街边的某处听过他忧伤的歌。询问坐在旁边的朋友，得到证实：他确实是个街边卖唱的老翁。我很想找机会与他闲聊，想了解他内心的感受和远去的故事，然而他演奏完就悄悄离去，没有给我留下探讨的机会……

一个怀抱吉他身着牛仔衣的少妇，纵情高歌，时而热情如马队急奔，时而如夕阳晚唱，时而如母亲唤儿归家……手提精致小箱的英俊中年人，急促上台，犹如两世纪前的西洋医生，敬业地打开他的宝贝箱子，取出一个小巧的口琴，随着音乐伴奏起来。那忽近忽远，欲说却断的旋律，弥漫着霞辉的景色，从远方飘漫而来，把我卷进旋律与歌词营造的世界。

一个留着马尾长发的男性原住居民（印第安人）从手织彩布卷中，小心翼翼地拿出绑着皮须的印第安竖笛，悠扬地吹奏起来。原住居民姑娘，走到前台的麦克风前，放开嗓子，用民族的语言，唱起了歌。我不明白她唱的歌词，但我明白那竖笛飘出的悠扬仙乐，犹如冰雪融化时的湖岸，一群潜鸟在忧伤地呼号，悲吟失去故乡的挽歌。

时间过得飞快，不知不觉又到尾声，想着第二天还得上班，不等音乐会结束，便得对新认识的朋友们道晚安，又说下周再见之类的话。幸好 Dr.John 又介绍一个他周日演唱的地址给我，才使我难舍的心有所寄托，在两周的音乐聚会之间有了一个新的企盼。

女儿曾说：那百年老街，白天是购物天堂，晚上是西部民间音乐世界，是乡村音乐之星的摇篮。我终于发现了老街夜晚的秘密，尝试了乡村音乐在都市内荡漾不息的美妙，于是，我成了西部音乐的虔诚听众。随后三年，我几乎每周都参与这固定的音乐聚会，渐渐地把那里当成精神家园中的后花园，与乐友们建立起友谊。

搬离爱城时，他们为我开了一个欢送会，送我诚心祝福和温馨拥抱。每当听到远处传来西部民间音乐，我都会想起他们，想起都市飘荡的乡音，想起我曾经久住的爱城。

（十八）　加拿大：分数与技能并重

当我对国内朋友们说："加拿大没有全国统一的高考。"朋友们都纷纷询问我小留学生之事，然而，当我细述加拿大大学（大专）入学以及毕业情况，孩子们会面对的问题时，欣赏者及惧怕者兼有。

大学录取模式和教学多元化，是加拿大大学"宽进严出"的特色之一。每个大学（大专）都设有基本入学要求，分数线也不一样。为了避免招收（培养）高分低能或死 读书学生，学校不断改进入学要求和教学方案，把学生个人能力和社会能力加入招生软条件中。有的学校根本不设分数线，称为"竞争入学"，但对能力要求则颇为 相似。而在同一个大学内，各专业根据需要，入学要求更具体、详细。对高中入读生，主要参考高中 12 年级省统考（或毕业）成绩，社会活动能力（做义工）和个人技能（成就），有的大学附加参考高中 11 年级分数。很多大学要求英语/法语 30-1、30-2（或英语/法语 12 年级）成绩为首要入学条件。有的专业要 求数学、生物和社科等成绩。艺术和音乐系招生，则在音乐和艺术方面有特别成绩要求。每个省的高中统考时间和科目不尽相同，有的省统考分散于 11 年级和 12 年级完成。学生根据自己的兴趣或愿望，选择大学和专业方向，并按该大学入学要求修读高中课程，参与统考。如果达到入学（专业）要求，但竞争者多，招生名额有限，只有综合评估结果优秀者才有机会胜出，被招入学，因为入学后面对更严峻考验，能从大学毕业，获学位要比进入大学更艰难。

越有名气的大学要求越高，报读的学生能力越强，竞争也很激烈。能在入学竞争中胜出，是踏上名校的第一步。报读大学也是双向选择，如果优秀学生被几所大学同时录取，该学生可以衡量和比较奖学金，选择愿望中的大学，拒绝其他大学。

我女儿高中成绩很优秀，同时被所报读的麦吉尔大学（McGill

University）和不列颠哥伦比亚大学（British Columbia University，简称 UBC）录取，且 UBC 付给她奖学金。衡量、比较后，她放弃 UBC 的奖学金，选择了麦吉尔大学。她说服我的理由为：麦吉尔大学历史悠久，校友前辈中得诺贝尔奖和著名人物不少，被称为"加拿大的哈佛"，对喜欢挑战的她更具吸引力。读大学期间，她认 识不少来自各国各省的拔尖学生，受益匪浅。第一个暑假，她飞到秘鲁做义工，并游历大部分秘鲁名胜古迹和城市。大二时，她竞争获得校报插图主编工作，积累工作经验的同时还赚点小钱。第三个暑假，她获得研究奖学金，飞到印度做研究助理。在印度三个多月，除了工作，她还抓紧时间游历、横跨印度。看到她被晒得黝 黑，身着印度服装，怀抱村妇的婴儿，在贫困农村宣教的照片，我既心疼又被她的吃苦精神感动。当她以优异成绩获得麦吉尔大学心理学和人类学本科双学位后，很 快被她曾放弃的 UBC 大学招聘为某医学研究项目行政负责人。工作一年，她随同研究教授参与各级学术会议，见识猛增，于是，她毅然辞职，报读研究生。三所大学录取她，但她放弃了有名气的和给她奖学金的两所大学，选择了 UBC，极富戏剧性。

曾与几个麦吉尔大学生交谈，他们思维敏捷，社会责任感很强，非常优秀，或许这就是能力的体现和教育结果吧。入读普通大学不难，但毕业难；入读优秀大学很难，毕业和获得学位则更难。大学与学生是双向选择，双向综合评估，公平竞争，择优录取。分数与技能并重是加拿大大学入学根本，是人才培养的方向，也是形势和社会所求。

（十九）　全民参与车库售卖

当最后一缕春风离去，夏风来临，周五的路口便会出现五颜六色的招牌。招牌有的是从商店买来的白底红字专用招牌，但多是自己设计，硬纸片上手写字体各异：Garage Sale （车库售卖），并写上地址和时间，有的招牌上还挂着彩色气球，非常惹眼。

顾名思义，车库售卖是在住宅的车库摆摊销售，然而随着时间推移，车库销售衍生出院子售卖、草地售卖、搬家售卖、社区售卖和教堂售卖等等。无论哪种形式的销售，规模如何，其宗旨和内容都是一样：把多余和自己不再用、但依然可以再利用的东西卖掉，清理空间，减少浪费，提升物品的使用价值。销售物品包括衣服、儿童用品、厨房用具、家具、家用工具和书等。至于价钱，则由售主定，一般都很便宜，从 5 分钱到 20 元不等，且买主也可以讨价还价。

　　偶尔会有大型社区或教堂义卖，物品均是社区居民或教堂成员捐献。这类大型售卖通常在室外空地或教堂地下室进行。物品被分类摆设销售，销售人员都是义工，收入被统一管理，作善款或社区经费。有的是几家合起来，在同一个地点各自摆摊，销售所得则归各自摊点。虽然每件物品都是几毛钱或几块钱，但加拿大人的节约和环 保意识很强，购买和使用二手货是常事，不在乎身份地位，买家和卖家都不亦乐乎。因而这种形式的售卖年复一年，成了夏日的一道温馨风景线，也是环保行动的体现。卖不出去的物品通常被送到专门卖二手商品的慈善机构。慈善机构会认真挑选可用之物品，再销售。

　　逛车库销售是夏日乐事，可以随意决定，不受约束，可以欣赏现今商场上见不到的物品，可以从物品中品味其艺术价值或人文历史。我初逛车库售卖时，喜欢买些特别的画、小碟小杯、小摆设，又或 是纯粹与人聊天，练口语。随着时间推移，兴趣点有所变化。而今逛车房销售，我期待看见有吸引力或是非常特别造型的茶具，着重点已经不在于买东西，而在于观察和欣赏物品，暗自挖掘和想象其背后的故事。

　　今夏的一个周日，我外出回家，突然心血来潮改变回家路线，沿着一条繁忙路段行走。一把 撑开的小花伞摆在一栋小楼房门口。或许是因现写与花伞有关的短篇小说之故，那花伞闯入我的视线。一张写着"搬家销售"的牌子立在小花伞旁，房门大开，有寥 寥几人进出。除了睡房，楼上楼下都摆着分类物品，有三个中年女士在忙乎着，摆东西、介绍和收钱。一楼摆衣物处，两条一模一样的、还未拆包装袋子和商标的白 色丝质睡衣挂在墙上。从款式看，似乎是上世纪四五十年代的产品，做工讲究，用料精致，让我忍不住看了又看。"女主人对衣物的品位颇高，当时的购买力不错，也许买了一批，而这同款睡衣是最后两条。可为什么不开封？为什么不穿？有什么特别的纪念意义？"我边猜测边继续观赏。摆茶具的桌子总是我的最爱。一套日式 茶具还很新，我仔细看着，有点心动，但转而想到买回家或许只是一个摆设，倒是委屈了它们，还不如让用得着的买主带回家。一个枣红色单柄小玻璃壶引起我注 意。这是一个崭新的茶壶，内有一张 4x5 厘米大小的日文说明书，我连猜带蒙地读完说明，判断此壶可以直接在炉子煮水，心一阵喜悦。长久以来，我一直想找想象中小巧精致、可以在炉子上直接煮茶的玻璃小茶壶，为的是可以看到水滚时冒泡过程和茶色渗出时与水的交融。拜访无数商店，都没有我脑里描绘的玻璃茶壶，而 今在这儿找到，心一阵惊喜。

继续看，有不少西式套装茶具和水晶盘子。一套精致的日式茶具和一个已经微微发黄的日本和服娃娃引发我的 好奇。我问销售女士："主人家是日本人吗？"她答："是的，是一个日本女士，她很喜好收藏茶具。"出于礼貌和尊重，我没有追问更详细的情况，继续观看她的 珍藏。从她收藏的西式茶具、纪念小匙羹和小摆设看，估计她已有 80 岁以上。是因去世还是因搬到老人院而出售自己多年的珍藏？我不愿多想，只想从物品中感受 她的过去，感受她曾经的快乐，思考着物质与精神的平衡点。

（二十）　为残障人打造专用公交车

为体现公平与人权，加拿大政府通过了保护残疾人和弱势团体权益的《平等就业法》，并拨款协助残障人士生活、学习和就业，让他们与普通人具备同等权利。

"残障人士通道"在公共场所随处可见，已成为设施建设计划中必须考虑的部分，是便利于残疾人士日常生活的"硬件通道"。

交通是残障人士首先遇到的困难，各城市的交通部门（公司）都会推出专为残障人士服务的小型公交车，可以电话预约，到家门前接送。至于普通公交车，多数车被设计成可以降低车门、打开斜板，并备有前座椅可叠收起来的区域，以便轮椅人士进入，停放轮椅。如果有轮椅车或残障人士进入车内，坐前面的乘客会很自觉让位，即便是轮椅车要占据 5 个座位，也毫无怨言，形成了风气。不少城市的公车有语音报站（或司机看需要报站）。大的十字路口设有语音提示按钮，提示"绿灯可行"，以方便盲人过马路。公共场所都要求具备斜坡通道和电梯，有些新建、条件好的游泳池，会建有斜坡入池通道，让残障人士方便入水。电梯按键也标有盲文和语音报楼层。至于公共停车场残疾人专用车位，通常是位于最方便地点，并有显眼标志，如果非残障人士占用此车位，会收到警告或被罚款。

除了可视性通道，学校内也会实施"残障学生援助"计划，是残障人士学业成功的"软件通道"。有些残疾生会获得"一对一"

帮助，有的辅导员到教室"陪读"特别需要学生，大部分残疾生只求助协助部门获得基本帮助。

　　我曾工作的学院之学习辅导中心包含残障人士援助办公室，工作人员有残障人士和健全人士。他们除了具备丰富工作经验，还具备社科或心理学硕士等学位。由于残障学生具体情况各异，协助部门按所需配备了盲文阅读书籍、发音阅读器、发音字典、语音接收器、大字计算器和肢体支撑物等等，以供学生借用。当残障学生到图书馆查资料、借书和借用特殊辅助器械，我喜欢与他们作简短交谈，渐渐地与协助部门员工和残障学生熟络起来，加深对他们的理解。残障协助办公室的一位同事拥有电脑硕士文凭，每当他挂着导盲杖来到我们部门商谈事情，我都禁不住心生敬意。曾到他的办公室商谈一些工作的事，见他每输入一个字，都得等待电脑发出读音，测试外借器具，则要付出比常人更多的时间与耐性，让我感触很深。很难想象全盲的他，要克服多少常人所不遇的困难，要付出多少努力才获得电脑硕士文凭。

　　常见一个聋哑女学生来借书，她牵着一条狗，狗的身上挂着一个布做的宽带，上面印着"我正在工作，请别抚摸我"（译文）。当我与她以写字方式交谈，那狗便很认真地监视我，俨然一副"卫士"的样子，那一副正儿八经的工作模样，很是幽默、可爱。原以为狗儿只作导盲用，通过"交谈"，得知"工作狗"也有被训练协助聋哑人听声音，保护主人。最让我感动的是一个脑瘫学生，四肢只有右脚指头和右手掌可以轻微自主活动，操纵着带电脑发音装置的电动轮椅。她常来图书馆查资料，由于行动不便和不能发音，得通过她用脚指头控制鼠标的电脑来交谈，了解她所需。每当我找到资料给她时，她都会很有礼貌地通过电脑向我致谢，显示出很好的修养。我不知道她学什么科目，但从她借阅的书目判断，其阅读水平很高。有时见她翻一页书都要费一番工夫，忍不住去帮她翻页，同时也很感慨，感受到我们"肢体健全"者的幸运。

　　政府资助和社会各界人士理解与支持，使残障人士"硬性通道"和"软性通道"逐渐完善。协助残疾人士克服生活困难，就业或成功完成学业，是加拿大福利社会特色。在身有残疾的情况下坚持学习和工作，最终达到自己的追求目标，这期间要经历的艰辛难以想象。有幸参与服务于残障学生，亲睹他们不言放弃的人生态度，于我也是极大收获和鼓励。

（二十一）加拿大严格监督官邸家属

加拿大不仅为国家领导人配备官邸，而且还颁布了完备的官邸法规。

在工作和会见外国使者之余，上层官员们会走出官邸，参与社会活动，关注民情。民众也可以预约到总督官邸、国会和省议会大楼，参观部分区域。说到官邸，不得不提起丽都厅——加拿大联邦政府提供给任期内总督家庭的居所，也是总督执行职责和会见外宾的办公处所。丽都厅位于渥太华苏塞克斯路 1 号，是加拿大最大和唯一对公众开放参观的总督府，隶属国家首都委员会管理，主建筑有 175 个房间、面积 8825 平方米，此外，还有艺术馆、玫瑰园等。有些区域对外开放，允许民众预约游览，了解总督工作场所。总理则住在渥太华苏塞克斯路 24 号，官邸内部分区域提供给任期总理家庭居住，另一部分则是属于政府管辖的办公场所，用于发布公告和会见外国使者等。

除官邸外，政府还拥有高级官员们用以度假休闲处所。官邸属于政府财产，因而政府制定了相应法律条约，称为"官邸法"。法律包括使用官邸的官员级别以及权限、家具、设施管理、职员聘用、财政支付分配、使用和拨款等等。至于土地测量，条文阐述得更为详细、准确。有兴趣了解详情的朋友可浏览加拿大司法部法律网页或原文查阅。当官员任职期满或是换任，则会全家搬离官邸，回到自己原住所或另建家居住所，恢复原身份或另谋职业。

总督和省督是英女王代表而被指定；总理与省长等官员是选举产生，服务于国家与人民。领受纳税人的钱，是他们"服务"所得。他们得按既定政策和预算领受工资，工作所需的额外开支由专门人员管制，其家属不得越权或额外获利。居住于官邸的家属们权限有限，会有规定让他们难以越权谋利。他们通常家庭观念很重，会与家人参与社会活动，共同建立政治形象。即便是女人从政为官，丈夫也会以支持者和"贤内助"姿态出现。"家庭团队"出现于公共场合，互相支持与尊重，也是任期工作之一。

在加拿大，各级官员权限范围和个人行为受媒体舆论与公众监督，如有"行差踏错"，轻则向民众道歉或自动辞职，重则刑事追究责任或身败名裂。住房或是住宿方面的事宜更是受预算和职责范围约束。以今年 6 月温哥华举行的加拿大城镇联盟年会为例，会议在温哥华市中心举行，参会人员每天早起晚睡才可完成当天事情。参会的高贵林市长家距会议地点一个多小时车程（单程），会议期间与另五位市议员住进会议中心附近的五星级酒店，折价后 225 元/天，他们住宿费共约 4000 元。此举遭媒体披露后，市长及市议员遭到一片谴责，被批评为"浪费纳税人钱财"。有家住更远的议员，为免路途奔波之苦，则自费住酒店。有的议员为了省钱，每天亲自开车，奔波于会议中心和家之间。现任多伦多市长丑闻尚未落幕，他的个人行为遭受批评，民众还在等交代。

（二十二）　平安夜这么过

早期欧洲人携带他们的生活习俗和传统来到加拿大，并代代相传，渐渐形成适合现代生活但又不失民间朴实的习俗，此中以圣诞节最为温馨。

圣诞节是耶稣诞生日，也是加拿大公共假日。12 月的加拿大，圣诞气氛无处不在，音乐缭绕。从商场到工作单位，从学校到普通民居，以红、白和绿色为主调，雪花、松树和圣诞老人、雪橇、鹿等传统装饰随处可见，传统圣诞颂歌随处可闻，给寒冬之下的民众带来欢乐与温暖，也给孩子们带来无限企盼和遐想。

传统圣诞节以团聚、分享、颂歌和美食为基本元素，不管信仰如何，社会地位层次如何，都会以这天为家庭团聚日，过着各具特色的圣诞节。有的孩子满怀纯真给圣诞老人写信，并认真地把袋子挂在墙上，耐心等待圣诞老人到来。家人或亲友们相聚于平安夜或圣诞日，共享美食。圣诞大餐以烤火鸡为主角，有的家庭用新鲜红莓作酸甜酱，以减轻火鸡的油腻；烤火鸡渗出的汁作浓酱，配马铃薯泥；除传统主菜外，各家的菜式不尽相同。就餐时窗外飘雪，室内飘香，令加拿大人心怀感恩，也满怀怜悯，顾念无家可归者和穷人。有的社区和教堂义工用募捐的钱为无家可归者举办圣诞晚餐，或给孤寡老人送去礼物，让他们在寒冷的夜享有温馨，以减轻艰难人生路的痛苦。

工作单位的同事也会在节前互送小礼物；有的会举办午餐会：每个参会人员带一样菜，可以是肉食、素菜、甜点和汤，所有餐菜合在一起，加上精美餐具装饰，毫不亚于顶级餐馆宴会，而人们在享用美食的同时，厨艺交流也在高调进行。

设置圣诞树和树下色彩斑斓的礼物令孩子们充满美好企盼，而圣诞日早上开礼物的时刻，更是把节日气氛推向顶峰。每看到亲友及孩子们拆开我送出的礼物，都会想起 加拿大妈妈卡萝琳。多年前，她邀请我们过圣诞节。两个城市相距 300 多公里，一路上白雪皑皑，冰凌垂挂。她早已置立好圣诞树，树上挂着满怀记忆故事的小挂饰，琳琅满目，树下摆放着二十多个包装纸裹着的礼物。23 日的晚餐后我们聚集于餐桌上，在她的带领下制作圣诞小挂饰，以作拜访老人院的礼物。24 日早上，阳光明媚，给零下 20 摄氏度的城市增添温暖。我们带着手工制作的小礼物，来到城中一个护老院。院中不能行动自理的老人坐在轮椅上麻木地看着眼前的景象，打发时光。当她把小礼物送给老人并送去祝福时，我惊讶地看到老人接过礼物时眼睛发出喜悦光芒，天真的笑容显现。虽说礼物都是手工制作，也不能算精美，但那传 统的圣诞色彩和风格，或许引发他们美好的回忆，使记忆片断呈现。让暮年老人微笑，或许才是赠送礼物之真正韵意，而受礼者的微笑则是最好的回礼。看到老人们 仔细抚摸和端详小礼物，我领会了她带我与女儿来敬老院的用意，领会了绿色、红色和白色在圣诞节的深层喻意。

卡萝琳祖籍苏格兰，仍然保留部分祖籍生活习俗和传统。圣诞前夕夜，她哼着圣诞歌，很花心思地烤火鸡，做甜点。她小心翼翼地取出她母亲传下的一套古典欧式风格的银餐具和瓷器，告诉我：“在重要的日子和重要客人来时，她才会取出来用，每次用银器都要仔细擦拭。”当我看着晦暗的银器在她手下渐渐铮亮起来，发出柔和的光泽，很感慨。吃罢丰富的晚餐，我们一起到教堂参与“烛光夜”活动。这里会在平安夜举行形式各异的活动，有晚宴形式，有颂歌形式，有表演形式，有游戏形式，内容轻松活跃，但又 不失庄严与喜庆。25 日晨起，她备好点心和茶水，播放圣诞歌，吩咐我们到圣诞树旁坐下，拆礼物。看到礼物上写的全是我女儿和我的名字，非常惊讶。礼物从一包中国茶叶到一双手工织的帽子，有衣服和巧克力，有的甚至是一张与中国有关的图片、报纸。

此后，不管移居何处，我都会到附近教堂度过平安夜，会给亲友送上小礼物和真诚祝福，给小孩子们准备圣诞树下的礼物。传递温馨和喜庆，渐渐成为我的圣诞节主题。

（二十三）　难忘温哥华参加庙会游行

或许是漂泊之心作祟，乡愁之绪助燃，离乡 20 多年，我逃避过春节 20 多年。春节，成了记忆片断，定格于儿时家庭年夜饭的香味。

　　温哥华是北美华裔重镇，随着来自各国华裔移民迅速增长，临近春节，即使不是唐人街区域，也能感受到浓浓的商业"年"味，其铺天盖地的气势让人难以抽身逃离。不管是西式商场还是中式商场，丰富传统年货纷纷上架，物美价廉，让人忍不住流连忘返。面对如此浓烈的传统气氛，我"过年"意识苏醒，心渐渐温暖，不再逃避，并以感恩之心，仔细品尝异乡过年的滋味，享受着特有的福分。

　　元旦过后，春节便成了温哥华的节日主题，各类庆祝活动频繁推出，延续时间为一周到半个月不等。其中唐人街的庙会影响力最大，有 40 年历史，吸引几万人参与，令唐人街热闹非凡。历届传统庙会由温哥华中华会馆、大温中华文化中心、温哥华华埠商会、中侨互助会、云埠洪门机构及加拿大铁城崇义总会等机构共同主办。近年来，中国文化部、国务院侨办和中国驻温哥华总领事馆等中国驻外机构也开始参与举办。庙会不只是华裔参与，还有其他族裔团体陆续加入，逐渐形成以中国文化为基本，融入其他族裔文化的独特庆典，是春节压轴节目。除中国式的节日喜庆元素和其他族裔文化元素外，政治气息与亲民秀也会在庙会显现。

　　回想起 2012 年龙年春节庙会游行，印象深刻。龙年游行队伍在冷风冷雨中聚集，由 60 多个不同族裔团体的 4000 多人组成。鞭炮声拉开游行序幕，财神爷引路，警骑开道，童军执大红灯笼及"恭贺新禧"横幅带领，队伍从"千禧门"起步，经歌雅街、奇化街等唐人街主要街道，以中山公园为终点，全长约 1.5 公里。游行队伍自然少不了传统的中国舞狮和舞龙，少不了功夫表演。此外，有苏格兰传统风笛团队，日裔和服女士漫游，当地原住居民舞蹈和南美国家舞蹈等等。游行队伍庞大，风格独特、多元化，吸引了 5 万多观众冒雨观看，同喜同乐。

　　我身着暖衣，手撑雨伞，加入当时的工作单位《世界日报》员工行列。在社长与老总们带领下，员工们举着《世界日报》和《温哥华周报》的横幅，与报社请来的"电声三太子"一起，向观众致以节日问候与祝福。这是我平生第一次参与游行，且是位于读者众多、名望很高的《世界日报》社行列，被几万双视线扫视，心存不安与惶恐，手脚无处安放，巴不得隐形于队伍里。幸好两尊"电声三太子"很受观众欢迎，每当我们队伍经过，前排拉横幅的头儿们与"电声三太子"把大部分观众注意力掠取，我的心理压力迅速减轻，转而被周围喜庆气氛感染，恢复喜爱观察周围情景的习惯，以逛街的心态，逍遥地跟随队伍，分享喜悦。

突然，报社员工一阵骚动，身着唐装的女省长简蕙芝来到我们员工队伍中，与社长握手寒暄，并向员工献上新年祝福。报社的摄影记者自然少不了上前抓拍，留下这一刻的纪念。期间，市长、移民部长和各党派政要也全程参与，分发福袋给观众，送上祝福，并与一些民众合影。面对这些"政治亲民秀"，我既不恭维也不反感，只当是一场拉选票的序幕，是民主社会的政客必修课。然而，华人传统节日得到加拿大政要们的支持与青睐，是华裔奋斗与努力的结果。

温哥华维系 40 年的春节庆典，归功于来自不同国家的华裔及后代们。他们以"华"为民族根本，以大局为重，放下各自的理念差异和地理环境造成的隔阂，融旧创新，形成兼容性新文化模式，是值得欣慰之事。第 41 届马年春节庙会临近时，女儿诚心请求我给她补习"中国文化传统与民俗课"，并给西人男友介绍中国文化和节日习俗。带他们逛庙会，吃年饭，参加独特的春节庆典，是我授课计划第一步，也是温馨团聚时刻。

面对浓烈春节气氛和成长起来的后辈们，我没有理由拒绝喜悦，更没理由在喜庆节日患乡愁。

（二十四）做客 请客 重在吃情

在北美，普通家庭的请客与做客有什么讲究？

据国内的一本书介绍：被请到洋人家做客，有几点注意事项和礼节，一是要准时，不要提前到，好让女主人有时间简略收拾一下房间；二是要有一些酒或糖果之类的礼物；三是注意用餐的礼节，诸如右手拿刀，左手拿叉，餐巾铺在大腿上等等。

可是，当我生活在北美一些年头，经历过多次被邀请与邀请之后，感觉却与那本书所写的很不相同。

欧裔北美人的请客似乎更注重于吃"情"，而不太注重于吃"物"。第一次到洋人家做客，多少是有些不知所措。去做客之前，我急忙翻书，动用一切背书的本领，背下关键的部分，买上一盒名牌的巧克力，还老在担心礼物是否够丰厚，穿得正儿八经地，算着时间，准时到达。到了主人家不多会儿，我心里大呼上了那本书的当。那已经有个别客人前来了，还挺自觉地帮女主人做准备，大家都衣着宽松、舒适，他们有带自己做的面包作礼物的，有带自己种的新鲜瓜果作礼物的，也有的送一盆主人喜爱的花作礼物，大家都显得很亲切、自然和有人情味，那情景倒像是一家人回老家过年似的。幸好女主人恰是特别喜欢那个牌子的巧克力，使得我那局促的心还有少许安慰，不然，我倒是觉得我太做作了。

虽然他们并不如我们华人般，会把食物的本身价值，按营养功能、按外形的艺术形态、按天然的味道而淋漓尽致地发挥出来，甚至有时可以说，他们简直在糟蹋了食物本体最美妙的味道和意义。然而，传统派们却天生具有一种把饮食文化与"情"相融合的本领，他们会把并不美味的菜式，盛入精美的碗碟，配上讲究的餐巾，雅致的高脚酒杯，艺术品般的刀叉，还有那一定不会少的鲜花摆设，那各式讲究的餐桌用品，早就把客人的注意力从舌头转移到了眼睛，仿佛大家不是在品尝菜，而是在欣赏满桌的、不能解饥的艺术品。遇到主人有兴致，或许还会听到一些眼前关于某一 样餐具的历史故事。有时，喜好音乐的主人会播放一些轻松、浪漫的音乐，大家还会有一种想跳舞的冲动。无论主人做出的菜如何，客人都会诚心地称赞和感谢。整个宴请过程似乎都是一个感情交流的过程，大家都比较轻松。至于刀叉的用法，即便在传统派的家庭聚会里，客人也不必很严格地、循规蹈矩地使用，因为连他们本人也觉得麻烦。

但是，餐桌上的礼貌是显示出个人修养的窗口。我特别欣赏的是，大家讲话声音不大，清晰、柔和，恰到好处，既亲切，又不会让人有受冷落和被打搅的感觉。当嘴里有食物时，讲话是最含糊不清的，且也是嘴形最不雅观的时刻，若此时说话，既是增加了听话人的听力负担，又是给人带来一 种不雅观的印象。至于劝酒、夹菜之类，倒是在话里，而不是在手上，一切都是按个人意愿，传递菜盘，各自取量。谈话的内容都是比较轻松、幽默，少有争执，因此，整个就餐过程给人的感觉都是比较轻松和平和的。

我最不能接受的就是餐后的甜点。开始做客于洋人家庭，因为不知道甜点的分量和内容， 一开始就把正餐吃了个饱，没想到当诱人的甜点端上来时，已经是没有空间储存了，内心不禁叫苦：早知道还有如此一招，就预留好"内存空间"了。不过，为了礼 貌着想，这第一次，我还是完成了主人给我的甜点，于是，我也才有资格如其他人般，赞赏主人的手艺。然而，慢慢地，我意识到，这餐后甜点也是导致西方人发胖的原因之一，且客人可以向主人礼貌地婉拒，因此，为了保持那中国女人特有的、还没严重"横向发展"的形状，我不再勉强自己吃甜点，也不想接受餐后甜点的风俗了。

至于新式的自助餐或 Pot-luck，那更是受我推崇。在现代社会，人们用于休闲和娱乐的时间并不多，许多工薪阶层人士都处于一种浮躁、忙碌的时间运作之中，然而又不能没有娱乐和与朋友相聚，于是，一种适应北美社会的衍生型饮食文化就应运而生了。这种请客模式是非常随意和自由的，烤些牛扒、鸡腿、香肠之类的东西，买些现成的面包、薯片、饮料、沙拉菜、酱和现成的甜点，还有各位客人带来的菜，统统往桌子上一摆，大家就随意不客套地各自取用食物去了。也许是在北美居住够宽敞，人们都喜欢三三两两地聚在一起，坐在沙发上、地毯上、院子里的太阳伞下和草坪上，聊天、吃东西，这种自由自在的模式让人与人之间很易交识新朋友，且主人家也不需太劳累、压力也不会太大。

　　说到请客，可以说在出国以前我从没有在家请过客，因为在中国，厨艺高手四处可见，价廉味美的餐馆到处都是，不需要花很多钱，就可与朋友们在餐馆美美地、轻松地相聚，品尝厨师的杰作，因此，我的厨艺总是没法进步，仅仅处于填饱肚子的水平。北美的情况与在中国时不同，这里人都住得比较宽松，在家请客显得更有家庭气氛和人情味，且费用比在餐馆实惠。这对一个厨艺不精的我是一种考验，幸好在出国前有朋友送给我一句极为实用的鼓励：外国人都认为我们中国人个个都是厨艺高手。这得感谢那些在世界各地开餐馆的中国人，他们把我们的美食带到了国外，尽管很多菜式已是变得不中不西了。于是，在请洋人做客时，我凭着回忆在国内吃过的食物，把大江南北的菜谱混在一起，有时自己也发明了一些在中国都没有名字的菜式。几个回合下来，不但赢得了我那些加拿大朋友的赞赏和传颂，而且已经是练就了一番脸不红心不跳的请客本事，尽管至今回到国内时，我根本还没有勇气站在我娘家的厨房，为亲戚朋友们做菜。

　　无论如何，请客做客于北美，对于我们这些游子来说，是一件温馨而快乐的事。我们不必背负为了高升、就业、调动、入学而请客做客的沉重包袱，我们只需为友情、为快乐、为享受人生而相聚，这本生就是一种天赐的快乐和福气。

（二十五）　追梦者语

　　有多少人在中年后仍存留梦想，用执着作牵引，与生命足迹共进？

　　我儿时的梦想虽然沉寂多年，没在人生旅途中留下平直的线，但依然顽强挣扎，时断时续，跟随我漂泊。而今，有的梦想已经绽开细小花朵，有的依旧等待时机。庆幸世上还有不少追梦人，怀揣纷繁"梦境"，不懈地追寻精神世界的亮点，因而，追梦路上我不孤独。

我有一群音乐朋友，执着追梦的民间音乐人。每周三晚上，是例行音乐聚会，在爱城古老街区的咖啡厅，称为"Little Flower Open Stage"（小花露天舞台），到会者可自由上台演奏，也可临时合奏。我加入这大家庭，只为听音乐，为睹北美和欧洲民间音乐风采，享受音乐之家特有的温暖。偶尔，我会被演奏者邀请敲非洲鼓，于是，我暂弃世间凡俗，随韵拍鼓，任心绪飞扬。

"小花音乐之家"由几个民间音乐人创办，已有 13 年历史，每年举行一次室外音乐会和野外音乐露营聚会。白天，大家工作于不同领域，周三夜晚，为了音乐走到一起，彼此尊重，相处默契，或合奏，或独奏，友情在音乐缭绕中逐渐坚固。创办及领头人名叫 Brain，一个嬉皮士年代造就音乐才华的男子，一个能把钢琴、吉它、西洋鼓、低音大提琴等乐器演活的乐手。他拥有沉稳磁性声音，拥有坚实的创作功底，歌词简洁朴实，曲调活跃诙谐。同时，他又是个领着俩英俊儿子在小型演唱会唱遍全场的精力充沛父亲。

Brain 爱音乐，以音乐为伍，不离不弃，成为生命不可分割的部分。幸运的是，他美丽的妻子也是民间音乐爱好者，吉它和唱歌都很棒。夏天的周五，在爱城市中心街头，常见他身穿银片闪闪的衣服，以独特的嗓音，弹着吉它，唱着老歌和新歌，不在乎行人驻步与否，只为那一份对音乐的热爱，执着地传扬西部民间音乐。他的街边演唱地点与我上班处很近，周五下班时我们常相见。初始，我只是礼貌地问候，随着对他的深入了解，我被他的执着感动，继而敬仰，并从他创作的歌词中领会生活的含义，从中激活写作灵感。

Brain 在 2010 年发行新 CD，并在河谷旁开了个露天音乐发布会，我与好友欣然前往祝贺，签名合影。他人缘非常好，很受尊重，不少民间音乐人和亲友到贺，包括大学教授，中学老师，街头卖唱的朋友。如果在爱城民间音乐圈谈起他，无人不晓。然而，更让人敬重的是他那丝毫不因年岁增长而减弱的追梦信念。

前些日子，朋友来电说 Brain 得了一个民歌音乐奖。为他欣喜之余，我也坚固了追寻文学梦想的信心，以新生姿态融入，用虔诚的心追随华人文学老前辈共同梦想。

梦想没有年龄，没有界域，我乐与追梦者齐行，直到老去，归尘。

（二十六）湖畔清曲

创作是文字与生活结合的孕育过程，好友芙萝伦丝是我静心"孕育"的忠诚守护者。我们在小镇相识，在大城相遇，在人生路上相知，把"血缘"这个生物意义上的术语，完美转变成温馨短语，跨越种族与遗传基因界线，结成异族姐妹，相互扶持鼓励。每一个外游计划，都充满了她对我的爱护与期待；每一次行程，都刻满了真诚印记。

远离城啸，简廉歇息，是我们共同追求，于是，一部老电脑，一袋简装，便是我的行囊。不想用"流浪"一词形容行程，只因心怀感恩，欣赏人生。

（1）炉旁夜语

北上 200 公里，途经一个曾居住的亚省小镇，熟悉的风景，熟悉的路，激活记忆细胞。我想忘却，忘却两年的小镇岁月，然而，记忆像是无法删除的程序，总在某处撩拨。初涉文字邻域时的勇气，初遇北极光的奇妙，人生沟坎画面，在不变的景象中悄悄呈现，形成一组百味影像。我只能换着角度与姿态，以外人身份观看熟悉的树与河，熟悉的路与建筑，观看自己曾经的足迹。忽略痛点，朝向幽静美丽的亚省母鹿湖（Lac la Biche），到森林去，入住芙萝伦丝朋友的幽静庄园，与风为伴，与湖为邻。

在人迹罕见处冒出三栋典型加拿大民居风格的小房子，令人惊喜。房子间隔约 200 多米，散落在湖边的庄园，被绿黄叶子交杂的密林和挂果丛林紧紧围绕。我独住中间只供电不供暖气的老房子，芙萝伦丝住远行在外的庄园主屋子，还有一栋临湖小房子空置着，旁边空地立着一个原住居民搭帐篷用的空架子。

安置好行李，我迫不急待地躺在房子外油绿草地上。风吟草舞，撩心面。静下心，仰望空中飞鸟，聆听湖水抚岸，鸟语缠绵，领略初至森林的愉悦。不知道"天籁"是否用于描述如此境界，但"幻想曲"和"夜曲"定会于此黯然。闭上眼睛，悄然塑造新书中的人物，酝酿依旧粗糙的故事梗概，让人物在故事中自由行走。一阵清冷由背而生，衣服沾满遗留的露水，似干似湿，风过的清凉直闯肌肤。我站起来，挪动脚步，惊动觅食的蚂蚱，劈啪作响，狂飞猛跳。

太阳躲在西天云朵后，只露出半截脸。厨房飘来香味，诱惑我步入主屋，见芙萝伦丝在准备晚餐。面对西式材料，我只有打下手的份。吃罢简陋晚餐，天空依然亮堂，晚霞隐约可见。芙萝伦丝邀我划独木舟，但我胆怯于浩瀚如海的湖，婉拒她的好意，独自回屋，打算躺在靠窗的沙发上看书。

山风微起，小屋渐冷了起来，环视屋内，见一个百年老炉立在厅中央，突然警醒，赶紧到附近拾些枯枝和木段，提起斧头，干起了有生以来第一次野活：劈柴砍木。原以为干了的木头会很硬，没想到还是被劈开了，侥幸这些木头枯朽得早，省了些力气。搬运木头入屋子，堆在百年老炉子旁边，升火，同时在炉面上煮水。升火取暖也还不难，难的是已被现代学校训练成"讲究精确"的都市人，却被眼前这老炉子里的木材燃烧速度之"不可测"弄得狼狈不堪。劈开的木头，还来不及自豪，就全部变成炉子里的灰烬。看着灰烬夹杂着猩红点点，我后悔没带些番薯芋头来，埋于灰烬底下，增添附加成就感，并在烤红薯的香味中回味儿时乐趣。

正为柴火之"量"发愁，盘算着需要准备多少才够烧一夜，芙萝伦丝已经拖着独木舟上岸，见我还在折腾柴火之事，便过来帮我。想不到年过 60、体型瘦弱的她，劈柴砍木居然如此娴熟。我饶有兴趣地聊起小时候捡桉树叶回家煮饭的事，她若有所思说起年轻往事。她年轻时，常独自带着四个孩子，在亚省北部和平河上划独木舟，享受着大自然赋予的喜悦，享受着母子间的互爱。而今，她的孩子们已成长，孙子绕膝，面对着湖光山色和独木舟，兴致回归，青春光彩重现。看着友人瘦弱之身躯裹含着勇敢与活力，不禁肃然起敬。当三十多岁的中国妇女被看成"豆腐渣"，四十多岁的女同胞叹息青春不再，五十多岁的女人自认老时，眼前这将近六十多岁的加拿大祖母级妇人，却嚷嚷着去划独木舟，争着给我劈柴，享受着回归简朴的乐趣，感触很深。

夜渐深，窗外漆黑。用百年前欧式老炉子煮水，泡一壶中国茶，无视墙上的英文字画，打开电脑，用母语创作，这怪异的组合，怎一个奇妙可形容？仿如正演着幻想故事中的某一段章，无须顾忌时代与空间，只为一个酝酿已久的主题，合成新的故事。突然，火声渐小，急忙查看。奇怪，同是今天捡回来的枯木，虽然有点儿湿，后放的木倒是烧了起来，很烈；先放的木材，只是暗暗燃烧，悄悄变成炭；有的木材干脆不燃烧。见炉火时大时小，暖流不稳，很是无奈。也许某些木旺火，某些木沉火，但枯断而倒的树，没了叶子，很难辨认。同一双手扔进炉中，却也如此不同。树木出生时，想必也无法猜测其命运归宿。能成参天大树百年不倒者，自然值得骄傲；成功进入工厂，成为制作原料者，值得庆贺；然而，还是有部分树木，在莫名其妙中夭折，成为遗弃的枯木，朽烂，又或成为炉中的燃料。想到同一母体出来的人各走殊途，想到人们命运各不尽同，想到人生起落……不知该如何给人的能力定论，不知命运控制论是否真理。内外皆幸时，如易燃的柴，可把生活燃得壮烈；内外不幸时，如同一批捡来的沉木，燃烧不起来。

夏末的北部森林，雨如突然到访的淘气孩子，摇动屋外山杨，敲打屋顶。夜深，柴火在尽职燃烧，通红的炭在炉中啪啪作响，温暖着森林小屋的凉夜，也温暖我的心。没有家务缠搅和电话侵扰，没有电视诱惑和工作烦恼，只有文字在宁静夜中欢歌，人物在屏幕中畅游，思绪在夜空中飞扬。淡淡木烟香飘萦溢，我在微啸炉火声中进入维也纳森林……丹麦童话中森林木屋，公主、野花、蘑菇，香肠，冬雪……我是白雪公主的邻居……

让炉火、枯枝引发的生活哲理也做梦去。

（2）雨后森林

晨起，雨点淅沥。山杨叶颤动，在雨声中欢舞；稳重的松树，也禁不住雨的诱惑，笨拙地扭动身子；鸟儿却没了影子。密密的雨点渐渐挡住视线，窗外一片迷蒙，像家乡春之烟雨，引发内心隐约作痛。

芙萝伦丝到几十里路程的镇上购物，我独守森林。把手表扔进行李箱，让时间在森林中停止！没有早餐午餐的概念，没有咖啡时间的催促，没有高跟鞋的困扰，没有面具的沉重，一切在素面朝天的懒散中随意而为。藉着雨天，把清晨留给"闲暇"，安然斜躺于临窗的沙发，悠然阅读三岛由纪夫的《假面的告白>。茶几上的清茶，冲淡书中流溢出的诡异寒气，壮着胆，陪我逐字阅读。书中的主角，思维活泼而怪诞，字眼里流露出深邃、混杂，隐约感到主角之痛苦与快乐的灵魂在现实与虚幻世界中挣扎，而后互伤得鲜血淋漓，以其所欣赏的另类美死去。这内心的表白，撞击我愚顿的灵魂，陷我于云雾缭绕之中。不知翻了多少页书，字在眼前飞舞，缠绕，而后在昏昏睡去后的眼睑缝间飘溜。

小息醒来，惊见窗外明亮，雨后森林如出浴女郎，娇艳清新，诱惑我离开温暖的沙发。主人的大黄狗名为"忠诚"（Royal），见我离开屋子，像训练严谨的保镖，从屋外赶过来跟随，保持约五米距离，猫儿也跟随狗儿过来，寸步不离。不知道狗儿是否因主人临行前的嘱托，对我的一举一动表示关切，既不打扰我，也不远离我，偶尔会离开，到不远处吠叫，像是在恐吓、驱赶入侵的动物，令我深感安全和感激。我们仨排着队，走进湿气浓重的林中小道。树上残雨滴落，湿润了头发和风衣。低头可见各色野磨菇，或独自静立，或相拥成丛，如魔术般突然呈现于昨日不曾出现的地带。翠绿丛中，红红的玫瑰果显得特别耀眼，如妖娆的小妇人，在朴实的人群里炫耀着天生的风姿。八月的玫瑰果，让我看到六月的灿烂，看到野玫瑰盛开的季节。

野玫瑰是亚省之花，长于山谷乡野和路边丛林。野玫瑰以深粉红、淡粉红和粉白色花瓣为多见，花瓣单层，围绕着黄色的花蕊，近闻，馥馨醉人，可制香水。花谢后，子房膨胀，俗称玫瑰果，由绿转黄，再转橙色，待到八月底，果子基本成熟，变成了红宝石般颜色，娇艳欲滴，诱惑着觅食的鸟儿。野玫瑰果有扁圆型，有纺锤型。据说北美洲土著居民视野玫瑰为神圣植物，使用野玫瑰果茶有上千年历史。他们摘采鲜玫瑰果，阴干或鲜用，制成玫瑰果茶（Rose Hip Tea），泡（煮）茶后的渣，不舍得丢弃，还用于煮汤或与肉同炖，非常珍惜。他们制作的玫瑰果布丁、玫瑰果面包等等，很诱人。后有研究发现，玫瑰果富含维生素 C，其含量比橙子还高，除此以外，还富含其它营养成份，至于他们如何饮用泡好的茶，还没有考究。

篮子里的玫瑰果渐渐沉甸，手上的刺伤也多了起来，流出如玫瑰果般颜色的鲜血。幸运时，会遇到迟熟的莎莓零星挂在依旧翠绿枝叶间，蓝黑色，小如水滴，往嘴里扔几颗，甜中带香，味如蓝莓。偶尔会发现野红莓挂在枝桠上，被掌型叶横莽地覆盖。铺爬于地的野草莓已经全部失踪，叶子开始转红，预示着旧生命的告结。

提着沉甸甸的篮子回来，满是喜悦。倒出沙莓和玫瑰果，细细为它们清洗，用自己的简单思维，去制造简单的玫瑰果茶和沙莓馅饼，是雨后森林的意外收获。

（3）泛舟观景

一连几日，芙萝伦丝晨起时荡舟，日落时也荡舟，并在宁静的湖心逍遥阅读。见其不亦乐乎，我终下决心，克服恐惧，到湖中划艇。首次把桨划艇，心存不安，幸好有她指导和协助，我渐渐掌握要领，划桨出行。操起双桨，泛舟于午阳斜挂的湖上，那份极致的享受，令初次荡桨的恐惧与不安迅速减轻。

阔湖如海，但异常平静，除了鸟声桨划过水的声，不见任何人迹。湖水清澈，水草因桨划过而袅娜起舞。一群不知名的花水鸟，夸张地摆弄着尾巴，悠闲地在临岸水草间穿梭游荡，无视我们到访；羽毛渐丰的大雁，含蓄地在湖中悠游，像是在等待暗恋的对象；空中白鹤展示优美身姿，傲然炫耀飞翔技巧。淘气的我以湖为镜，倒影中，清晰地看见自己欣然笑容。朝西行，与太阳玩追逐游戏，驶到毫无树遮掩处，抬头张望，心被震慑。天空一片明净，太阳孤立其中，以可见速度往地平线移动，薄云如绒，留在远处，以缓慢速度追随太阳。我停止划桨，希望时间凝固，任轻舟漂浮于粼波。然而太阳却不肯休止，挥洒笔墨，把天空画出蓝、白、粉红相嵌染的彩层，且如变魔术般，改变浓度，奇妙无比，感觉自己正在画中，电影中，诗中，梦中……美景的吸引让我心生贪婪，速划小舟继续西行，追赶太阳，完全忘记初始的恐惧。轻舟划破了水中的影画，颜色分裂，破裂成细碎斑点，如一幅轮廓模糊的抽象油画。到湖心处，见鸟群欢舞，热闹非凡，像是在举行聚会。偶尔有鸟泣鸣，似原住民的萧笛音，那是加拿大水鸟（**Loon**）——著名的一元加币中的鸟。在美丽夕阳湖中，听闻罕见的水鸟凄唳，是否也算幸运？

逐阳西驶，余辉渐暗，只好转舟返回。回头一刻，我再一次遭受心灵震荡，一个发自东边的 "袭击"。远处的地平线，渐划出一丝大得夸张的黄亮弧，仅仅几分钟，弧在扩展，由月牙型渐渐地变成半球型，倒影于湖面，银色与淡黄色波纹相间，闪熠。一个水鸟突然飞来，闲雅的姿态与同一线的月亮背景，形就一幅绝妙的美图。我举起相机拍摄，以作永久见证，可相机不能真实留下精致画面，只好作罢，不敢浪费眼前时光，把目光停留在动态景象，以抚遗憾，直到月亮完全升起，西边若隐若现地撒下混杂色彩。

亲临其境，体验和观看大自然神笔，亲历夕阳时分呈现的奇妙景象，是何等幸运，以致我忍不住用文字为此描画浓重一笔。

（4）野花启示

太阳升起时分，暂离电脑和书本，在房子周围的草地漫步，在林间游荡，理清思绪，美妙难述。

IPod 播放着北美民歌，让我脚步轻盈，裙裾飘逸，行走于树林边缘的草地。不远处，有异样色彩，淡淡的紫色相聚成一尺见宽的面积，平铺于绿草间。我快步走去，低头观看，见是十几朵淡紫色小野花盛开、相连成片。继续走，更多的紫色野花开放，一微小的身姿连接成片，形成自己的艳丽。当大多数花儿在春天含苞绽放，盛夏华美，而这森林中的野花却在夏末初秋的清冷季节盛开，不与繁花争春，不与繁花斗艳，除了基因所付予的能力，是否也需要勇气？是否也需要活在自心安宁的忍耐？是否也需要彼此间的融合与鼓励？我期望能懂花的语言，能采访花儿的世界。

　　森林中的野花以优雅的姿态，盛开于初秋人迹罕见处，其美丽色彩只有林中鸟儿、虫儿见证，而其坚忍与逍遥，是否一种启示？眼前的小花让我想起一位朋友家客厅上挂的画，一幅长 1 米 5，宽 1 米 2 左右的油画。几次闲聊，我都未曾对画注目。偶一日，谈到多伦多一位拥有双博士学位的大陆移民，因找不到对口工作而自杀之事，友人指着墙上的画说："这是我花钱请人为我专画的，画中只有细小不起眼的野花，坦然地在大地伸延，美化着我们所生活的世界，显示了生命意义。"

　　把懦弱放下，没有什么可以阻挡跋涉人生路，野花况且能在恶劣环境中生存，人们为什么在舒适中倒下？眼前的野花，并不比园子里的花娇美，却赢得敬仰。在低头瞬间，找到路和方向，于是，心存目标和榜样。

　　IPod 播出一首歌"Nobody's Child"，说不清是巧合还是天意，在这种情景中听到这首歌，像是电影中的配乐。"I'm nobody's child, I'm nobody's child. Just like a flower I'm growing wild. No mammy's kisses and no daddy's smile. Nobody wants me, I'm nobody's child…"

　　我蹲下来，矮下自己的身姿，触摸细小的花瓣，止不住思绪飞扬。思绪从歌词飘到 20 多年前在孤儿院见到两个没有血缘，但因缺陷而被父母遗弃的孤儿互相鼓励扶助的情形，非常感慨；想到刚工作于妇幼保健院时，面对被亲生父母遗弃于医院的新生儿，内心充满无奈。想到自己以敬佩的角度去描述孤儿故事的长篇小说已经出版，愧疚的心稍有安慰。

　　弃婴的哭泣，野花的呐喊，也是维护尊严、顽强生存的宣誓。

（二十七）野菜的诱惑

　　今夏的温哥华少了雨，多了阳光。天好人勤，蔬菜疯长。从邻居到朋友，从同事到亲戚，都成为我有机蔬菜的享用者，而我则获得他们赠予的"优秀农民"光荣称号。带着"优秀农民"称呼的骄傲，以业余植物研究者的姿态，缓行于 3 千尺菜园。每次巡视，心存愧疚：蔬菜茁壮成长，野草也不示弱，与蔬菜对垒。

　　为保"优秀农民"声誉，清除菜园子杂草势在必行。用巴掌大的小锄头开工，有点儿耍花拳绣腿般的心虚，幸好无人窥视。大蒜地里那一米高的野苋菜特招眼，自然成为首要清除对象。我用小时候在校农场学来的本事，锄松根部泥土后，用手抓住茎，连根拔起，而后得意地欣赏战果。顺着叶茎往下看，那白中带粉红色的根，露着胖身子，像传说中穿肚兜的人参娃娃，张着迷人的眼睛，等待我的判决。熟悉的根茎让我的手微微颤抖。小时候拉肚子时，妈妈会到外面挖大野苋菜的根茎回来，煮水，加少许糖，哄我喝。或许是一种思乡，又或许追忆母爱，我决定把它的根晒干备用，叶子留下，带回厨房。

用广东焯青菜的方法：清水加几滴油，煮滚，把野苋菜叶子和嫩茎放进滚水，而后倒出网筛，滤水，上碟。爆香蒜油，加上两匙羹生抽，淋到碟上的野苋菜，一碟油绿而散发着特殊芳香的菜便显现在眼前。我迫不急待地下箸，不一会儿而便一扫而光。或许是第一碟野苋菜太好吃，我决定摘采水灵灵的马齿苋。用同样的方法焯，于是，绿中带红的菜，在白色背景碟子衬托下，张扬地登上我的餐桌，让我尝到不同风味、微酸带甘的野菜餐。

70 年代在国内读小学时，为了迎合政治需要，学校不定时把瘦弱野菜与发霉米糠混合煮"忆苦思甜餐"给我们吃。青草味与霉味混杂，半湿半干地在碗里等着，犹如槽里的猪食，永世难忘。从此，野菜在我脑海里打下"难吃"的烙印，也记住了这几种野菜的名字：野苋菜和马齿苋。14 年前，一对加拿大老夫妇带我们去落基山脉低处行山，教我辨认野花和野菜，于是，我的"野菜目录"里增加了一种：灰苋菜 （lamb's quarters）。他们教我用嫩灰苋菜做沙拉，后来，我用粤菜方式烹煮，自名为"耗油浸灰苋菜"和"姜葱蒜茸拌灰苋菜"，有时又会心血来潮，自创灰苋菜牛肉包子，让加拿大野菜与中国包子结缘。

整个夏天，园子里 20 多种蔬菜陆续登场。没菜可采的间隙，野菜自然成为主角，餐桌依旧丰富，香气缭绕。野菜不仅好吃，还具有药用价值。据上海科学技术出版社的《中药大辞典》记载，野苋菜富含维生素 C。我采摘的是常见品种，根和子也可以入药，主治"赤白痢疾，二便不通"。据百度百科介绍，马齿苋"全草供药用，有清热利湿、解毒消肿、消炎、止渴、利尿作用；种子明目。"而灰苋菜具有"清热利湿，止痒，解毒。"

我小时候体弱多病，大病看医生，小病喝妈妈熬的草药。有时跟妈妈到宿舍附近找草药，把野苋菜和马齿苋挖回家晒干备用。野菜已不是单纯的"菜"，是儿时回忆和回味的导线，充满温情与魅力，诱惑我付予额外关注。看着晒干的野菜（草药）和餐桌上的野菜，自然想起儿时的情景。给菜园除草时，我会小心翼翼，不伤这三种野菜的根，让它们拥有白菜、南瓜等同权利，享有同样的阳光、肥料和水，一起成长，一起坦然登上餐桌。

野菜，我今夏餐桌上的副主角，菜园子中的意外收获；野菜，刻记母亲爱的密码，写满中国民间智慧。在异国的天空下，我甘陷于野菜的诱惑，品味自然付予的礼物。"一箸野菜，满齿留香"，如此说，不为过。

（二十八）温哥华的跑步生活

翻阅自己过往的人生篇章，成长过程如零散的片断，熟悉而又陌生地在脑海闪游，让人感慨命运中无法预测的戏剧性。曾几何时，"锻炼"是别人的专用词汇，"体育比赛"是遥远的风景，"马拉松比赛"更是与我不交集的世界，我与"运动竞技"之间矗立着一道坚实的墙，相遥互望，互不相交地各自前行。没想到这道厚实的"墙"在我女儿报名参加"2016 年第 45 届温哥华国际马拉松"时被凿出一道裂痕，继而在 2016 年 5 月 1 日轰然倒下，令我跨过界线，成了现场观赛者和"亲友团"成员。

为参加今年的马拉松比赛，女儿在繁忙工作之余，加入当地运动俱乐部，有计划地跑步、跑山路、骑车和游泳等密集训练。或许也因我开始跑步，现时的我，很理解她的想法，欣赏她自我挑战的勇气，自然成了她的"粉丝"和最耐心的听众，继而给予她精神支持，并尽自己医学背景所能，帮她进行简单放松理疗。为了看到女儿在马拉松比赛开跑的场面，现场给予最大值鼓励，我提前一天住到她家，一起探讨比赛策略以及赛中、赛后的计划。

五月的温哥华春花谢幕，夏花登场，斑斓色彩或点缀庭院，又或挂在路边树枝，配上天篮地绿，颜色夸张得如被软件修改过的图片，美得张扬，成就了今年马拉松国际赛的绝妙视觉背景，令赛道以最美的姿态招呼来自世界各地的参赛者。5 月 1 日早上 7 点钟，我们走往比赛出发点伊丽莎白公园。因我是第一次观看马拉松比赛，且恰好女儿的两个朋友也参赛，于是三个参赛者的亲友们组成一个"亲友团"，计划在不同路径点给他们打气，同时以备急发事件可以互相帮助。

比赛起跑聚集点人头涌涌，据说有 3 千 8 百多名来自世界各国选手参加。树荫下，草坪中，有的跑者已经穿上赛服，在车流稀少的街道慢跑热身，有的打着日文团旗，有的戴着自己国旗图案额带，有的展开国旗照像，有的衣着同款运动服的俱乐部成员围聚闲聊，有的在忙着做热身运动，还有不少参赛者在流动厕所门前排起长长的队……每个人都显得精神抖擞，参赛状态颇佳。我好奇地东张西望，不停提问，如同刘姥姥进大观园，加紧现场"扫盲"，学习关有马拉松的知识。幸好"亲友团"团长很耐心解释，让我终于明白跑步文章上说的"兔子"和举着时间牌子的用意。当时间接近 8 点时，选手们陆续往起跑点移动，各自找到自己的"领跑兔子"，等待 8 点 30 分的起跑命令。我给予三人祝福和拥抱，目送他们进入起跑区，消失于人流中。

我们"亲友团"共六人，团长是我女儿闺密，也是跑步爱好者，在她的指点下，参赛者起跑后，我们开车赶到比赛路径 29 公里处。路径旁是一个宁静的海湾公园，远可见山，近可观海，风景优美。我们找到一个利于观看和拍照的地点，安置东西。路边已经有不少观众陆续到来，闲散地聊着天。见时间充裕，我赶紧跑去几百米外的咖啡馆买咖啡，以便有足够精力撑住整天。我手端咖啡，在这少有的酷热中边喝咖啡，边与朋友们聊天，又或与旁边坐着的陌生人闲扯与跑步有关的话题，放松心绪。我并不知道"亲友团"的详细计划，只是盲从，见三位姑娘拿出硬纸板，彩色笔和迷你蓝牙小音响，我才知道她们是有备而来。

10 点，一辆警车缓缓经过，报告第一位选手将在 2 分钟后会到来。我们站了起来，翘首等待。远远地见有单车队开道，两个跑者的身形出现于视野远方，我兴奋起来，做好拍照准备，观众的掌声已经提前响起。当俩跑者临近时，发现他们都是男性黑人，两人几乎是贴着跑，难分前后。他们以配速 3 分 05 秒（注：事后查知）跑经我面前，姿势健美，步态轻盈，犹如两匹小鹿轻巧地在草原戏耍，穿梭于蓝天之下，一种画面美与诗意美袭面而来，我的心被震了一下，仿如不是在观跑，而是在看一部文艺片，差点忘了把这瞬间拍下来。

以前观看过不少北美式游行，见过不少有趣的妆扮，没想到在令人敬仰的国际马拉松比赛中也出现趣味横生的妆扮，平添不少乐趣。有一位男跑者穿着背心式泳衣，光着脚跑；有几位跑者戴着不同动物卡通造型的头套跑；有一位女士穿着西装短裙跑；一位身形健美的女士则穿一件连衣裙跑；一位年约 80 的老者神情平和地以匀速跑；令我注目的是一位年约 30 的西人父亲推着并列双座幼儿车跑，车内一个一岁多的孩子好奇地看着外面，另一个则怀抱玩具，自顾玩着，我的思维游离起来：30 年后，这俩幼儿是否也推着他们的孩子跑马拉松？

　　参赛者以年轻人和中年人居多，但也有几位年过 60 的跑者。每当他们经过，都会获得热烈掌声与欢呼，打气加油的呼声此起彼伏，而有些能力充裕的跑者也加入了互动，给观众们回以致意，又或是与在场观看的孩子们击掌问候。这种热烈的互动气氛是现场观看比赛的特别收获，也是我前所未有的感受。

　　跑前，女儿写好一封给"亲友团"的信，并烤制了一盒曲奇饼，叮嘱我在她开跑后打开信，让"亲友团"们阅读。见还有时间，团长姑娘打开我女儿写的信，大声念起来。这是一封手写在花边信纸的感谢信，写给每个亲友团员……我们边吃她做的曲奇饼，边阅读感谢信，心里温暖。

　　从女儿的跑前计划中粗略算计她经过 29 公里点的时间。当她跑近我们面前时，"亲友团"员打开音响，手举自制的海报，播放她最喜欢的歌，使劲大喊，给她加油，场面热烈真诚，令我很感动。见她的跑姿和状态还不错，表情也还是像往时那样笑容自然，信心满满，便也给她使劲鼓掌，悬着的心也放下许多。

　　离开 29 公里点，我们朝着终点站进发。远远地见选手们在烈日下跑经一座桥，心又悬挂起来，新生隐约的担心。当我们来到市中心，还没走到终点，团长姑娘便接到其中一位朋友电话，说是另外一位朋友在 34 公里处晕倒，已经被送去医院抢救。听到这个消息，我心一阵抽紧：三位跑者中只我孩子是女生，且是首次跑全程，其他两位是有经验的男跑者，现其中一位倒下，无疑对我女儿会产生很大心理压力。幸好打电话报告消息的那位跑者是医学博士（Dr.Baker），他正在现场帮助抢救，他说："别担心他，没有很大问题，会好的。"这话此时值千金，让我们心安定下来。此后的一段时间，我很怕手机响起，更怕再传来坏消息，深切体会到"没有消息就是好消息"的滋味。

　　终点站设在市中心，原本繁华的街道被马拉松主办单位尽用，帐棚和休息点有序设立，4 千位义工也有条不紊地工作，观众和跑者的亲友团们三五成群，各自寻找最佳点。我们找到一个离冲线点比较近处，隔着铁栏杆，耐心等待我们剩下的两位亲友跑者。在炎热的烈日下等待也是一个艰难的时刻，考验着我们的定力和体力。见选手们一个个跑入终点，有的精神状态不错，但有的被扶着往前走，有的被轮椅推出来，有的倒地歇息，有的蹲下呕吐……虽说女儿也曾提示过终点区域会出现各种状况，但我依旧压不住紧张心绪，盯着终点线，生怕看漏了她的身影。我默默祈祷，期望她能跑到终点，出现在我的视野时是不需要被扶的状态。在不经意间，我的担忧与焦灼表露无疑，以致亲友团的唯一的小伙子赛后悄悄对她说："你妈妈盯着看终点的样子很感人。"或许这就是母亲的矛盾心理最具代表性的体现时刻。

当我看到女儿身影出现于终点站区域时，我不顾风度地隔着围栏大喊。母女间特有的感应让她很快意识到我所站的位置，朝我们这边走过来。见她面带笑容，步伐稳健，脖子上挂着首个"马拉松"奖牌，我很欣慰，悬着的心终于有处安放。很想给她一个紧紧的拥抱，只惜有栏杆隔绝，只好把手机伸进栏杆，给她拍下人生里程碑时刻。过了 15 分钟，那位医学博士（Dr. Baker）也出现在终点。当得知那位晕倒的朋友没有生命危险时，我终于放下了紧悬的心。

比赛结束后，我与女儿进行一次长谈，加深了彼此之间的理解。她谈及跑 42 公里期间的感悟与收获，谈及三个朋友间的互助和友谊。尤其是当她跑经晕倒的朋友身边时，心理受到冲击，既担心自己，也担心朋友的状况，很想停下来协救，但 Dr.Baker 已经在那里协助急救，且看懂她的心思，用简洁话语告知诊断结果，催促她放心往前跑。随后，她迅速调整心态和策略，终于以享受跑步的心态和理想成绩跑完首次马拉松，获得四个月艰苦训练的胜利奖牌。而这位特地从外省赶来比赛的医生，却意外地在比赛成绩、友情和医德面前经历考验，交出漂亮的人生作业。他牺牲自己的跑步成绩，协救朋友，同时让我女儿和其他赛者继续往前跑的一幕，很有戏剧性，也很感人，自然赢得我们"亲友团"的赞赏和敬仰：他才是马拉松精神的传递者，是数据成绩之外的优胜者。

马拉松赛后的母亲节，"亲友团"成员和女儿的朋友们一起相约到中餐馆相聚，既为参赛者庆贺，也为我庆节。席间，他们探试性询问我是否会参加明年的 10 公里"Sun Run"，将来是否会参加马拉松比赛等等。我是新跑者，虽说也自行跑过 11 公里，但还是很没底气，不知道将来会如何，因而不敢吹牛，更不敢轻易承诺，只是含糊地说："如果我能健康活着，且坚持跑步十年，或许会去试一下跑马拉松给自己做纪念。到时你们都要带孩子们来给我助威。"他们一致答应带未来的孩子来助威，女儿则承诺包揽我以后参加跑步赛事的费用。这些无血缘关系的孩子们和我女儿的鼓励，让我感动得忍不住给他们深情拥抱，继而如冲动的年轻人，悄悄冒出"将来要去参赛以回馈他们的尊爱"的念头。

以参赛者母亲的身份首次观看国际马拉松比赛，我看到的不仅是时间、速度和奖牌，而且领会到数据之外的不可量度的毅力、友情和马拉松精神。感谢女儿和那些朋友们，让我有机会感受"45 届温哥华国际马拉松比赛"之温馨感人的时刻，亲历振奋人心的场面。

后记

　　一直以来，我都想写些移民的真实故事，简单而系统地概括移民加拿大后所遇到的问题，但都因学习和工作太忙而搁置下来，只是在报纸和杂志约稿时，才认真思考，并按所提议的主题来写。由于要顾及报刊杂志的性质、字数要求和读者兴趣，因而只能写些闪亮有趣的故事，以致所发表的文章零散而不成体系（请阅读第六章：已发表文章）。然而，普通移民生活中不全是美好的故事，更多的故事是平凡，又或是艰辛和无奈。有事业和家庭成功者，有平凡简单生活者，有的却是完全违背当时移民初衷，精神崩溃，家破人亡，夫妻形同陌路。登陆加拿大后第 17 年，我萌动了编写这本书的念头，拨开传言中的虚拟理想部分，展示我所见所历的真实加拿大，既为后来者提供参考，希望他们的移民路会顺利些，也为自己十几年移民生活作个小结。或许所说的事不会发生在某些移民生活中，或许我的观点不符合某些读者的观点，又或者我的视角破坏了人们心目中的理想美景，但无论如何，这是我的真实体验和想法，是不含虚拟想像的第一手个人资料。

　　当我在电脑上输入生活篇之《脚踏新地》题目时，无意看了一下日历，发现令人惊讶的巧合：17 年前的今天，我稀里糊涂地登陆加拿大，而 17 年后的今天，我满怀感触写这篇文章。当我写完第一段时，很多有意或无意忘却的事件和情景清晰呈现，争先恐后涌现出来，让我在精神上再次经历，如同电影回放。我无法自控地流泪，直到内心平静下来，才可以继续写。

　　写作过程是孤独寂寞的，于图书馆信息管理专业毕业和小说创作者来说，日写非小说体裁 2 千多字比日写 4 千字小说艰难。因为写作期间不但要承受真实回忆对情绪的影响，还会习惯性查询大量资料，以求准确。与此同时，在查询资料中发现别人真实故事，引发我跟进阅读，有时会顺着别人的故事而陷入其中，减慢写作速度。当以往的情景大量涌入脑海，呼喊着要以文字现世，让我措手不及，有时会被折磨得夜不能眠。但我只能按计划中的标题和内容，强迫自己理智地选择相关内容，有节奏、有计划地撰写。回忆是痛苦和快乐交错纵横的过程，这些历历在目的故事搅得我内心波浪起伏，不亚于电视连续剧的情节。有的回忆如同噩梦，我忍不住流泪，痛哭，难以从情绪困扰中抽离；有的回忆让我开怀大笑，恨不得把这段回忆写成幽默喜剧；有的回忆温暖无比，让我更加珍惜生命中不离不弃的朋友……然而，不管如何减速、暂停、痛哭、大笑，我终于以 40 天，平均每天 2 千多字的速度写完这本书前半部份。或许是冥冥中所约定，写作 40 天，发生一些意想不到的小插曲。

用 40 天写 17 年，确实不容易，除了损耗体力精力，对我的自身情绪控制和自我精神调节是极大挑战，幸好侄女 Annie 给我提供安宁的写作环境和精神支持，有邻居们赋予的关怀，有后院的蔬菜和花草相偕，有加拿大朋友们鼓励和支持，我才得以按计划和进度写完这本书。在此，特别感谢好友 Florence 和正在游历欧洲大陆的女儿 Sally，感谢她们不断鼓励和补充，让我可以一鼓作气完成这第一本非虚构书籍的写作。

记得加拿大北部小镇一位开小餐馆老板的话："只要有人的地方便会有中国人；只要有中国人的地方，就会有中国餐馆；只要有中国餐馆的地方，便会感受到中国人顽强的生存意志。"这句话影响了我生存观，也是我创作的获奖短篇小说《雪域中餐馆》的灵感之一。无论一个新国家如何，华人移民总会想办法排除困难，顽强生存，这是华裔的优点与传统，希望移民后辈们继承这个传统，并互相帮助。

谨以此书献给好友 Carolyn,Florence,Amy,Sally，Annie，感谢她们给予我支持，帮助与爱护，准许我以她们的故事和名字出现于书。

初稿完成于 2015 年 8 月 4 日（温哥华）

修改 2016 年 6 月 6 日——7 月 23 日

参考资料：

1. Byers, Andrew R. and Micheletti, Enza, eds. Canada Coast to Coast. Montreal: The reader's Digest Association Ltd., 1998. Print.
2. Chesters, Graeme, ed. Living and Working in Canada: a Survival Handbook. London: Survival Books, 2003. Print.
3. Lamarre, Helene Martucci, and McClughan, Karen. Career Focus Canada: a personal Job search Guide. 5th ed. Toronto: Pearson Canada, 2010. Print.
4. Noorani, Naeem, and Noorani, Sabria. Arrival Survival Canada: a handbook for new Immigrants. Oxford Universities Press, 2008. Print.

网页资讯查询指引：

1. 加拿大统计资料（Statistics）

http://www.statcan.gc.ca/start-debut-eng.html （首页）

http://www.statcan.gc.ca/pub/11-626-x/11-626-x2015049-eng.htm （1974-2014 年就业情况）

2. 关于加拿大（About Canada）

http://www.cic.gc.ca/english/newcomers/before-canada.asp （了解加拿大）

http://www.canadavisa.com/canadian-geography.html 加拿大地理）

https://www.canada.ca/en.html （加拿大资讯首页）

http://www.thecanadianencyclopedia.ca/en/article/religion/ （加拿大宗教）

http://www.servicecanada.gc.ca/eng/home.shtml （政府官方网页：工作，退休金和生活福利）

http://ca.chineseembassy.org/chn/dcgf/t1004218.htm （中国大使馆官方网页：加拿大原住民）

http://www.cic.gc.ca/english/newcomers/afterchecklist.asp#before1 （新移民登陆前指引）

http://www.jianshu.com/collection/d52b4947ac95 （简书：加拿大资讯专题）

3. 大学 （University）
https://en.wikipedia.org/wiki/List_of_universities_in_Canada （维基百科：加拿大大学）

http://www.canadian-universities.net/Universities/index.html （加拿大大学查询）

http://www.canlearn.ca/eng/index.shtml （学费，教育计划，奖学金）

4. 欺凌 （Bully）
http://www.cihr-irsc.gc.ca/e/45838.html （欺凌统计数据）

5. 留学生
http://www.cic.gc.ca/english/study/study.asp （留学签证，延期申请）

http://www.cic.gc.ca/english/study/work-offcampus.asp （留学生工作）

http://www.ets.org/toefl/ （托福网页）

6. 终身学习
http://www.futured.com/documents/LIfelongLearningInCanada.pdf
http://etec.ctlt.ubc.ca/510wiki/Lifelong_Learning

7. 工作指引
http://www.jobbank.gc.ca/home-eng.do?lang=eng （加拿大工作官网）

ALIS（www.alis.alberta.ca）（亚省工作指引）
https://www.workbc.ca/ （卑诗省工作官网）

8. 作者专栏
http://wxs.hi2net.com/home/blog.asp?id=3977 （文心社）

www.ingramcontent.com/pod-product-compliance
Lightning Source LLC
Chambersburg PA
CBHW051450250726

48655CB00001B/344